法に携わる愚か者達

織乃田征也
ONODA Seiya

文芸社

まえがき

筆者は元行政書士である。

行政書士になるまでに一番多いパターンは、大学の法学部を出て、行政書士法人か、弁護士事務所に勤めて、資格の学校に入って試験を受けるというパターンが一番多い。

従って世間を見る目は狭く、庶民感覚に鈍く、行政書士になっても、客の心がわからないので、ただただ威張り散らす輩がほとんどだ。

別に威張るつもりは毛頭ないが、筆者は、全然パターンから外れたルートで、行政書士になった。筆者は高校しか出ていない。それから数々のバイトをして歌手になり、音楽事務所を立ち上げた。しかしレコードは売れず、どうしようかと思ったとき、新聞広告に行政書士の資格講座というのが、目に飛び込んできた。通信講座である。早速申し込んで、試験を受けて、晴れて行政書士になったという訳だ。筆者の庶民感覚から見れば、行政書士、弁護士、裁判官等いわゆる法に携わる者達がいかに庶民感覚に乏しいか、これから述べていくこととする。

目次

■弁護士は頼りになる人間でもなければ、能力のある人間でもない

弁護士は法律をよく知らない

弁護士が法律をよく知らないと言うと、皆さん、何言ってんだ、弁護士は法律の隅から隅まで知っている筈だろうと反撃なさると思うが、本当にそうなのだ。うそだと思うのなら、ネット検索や電話帳で調べた弁護士事務所に、法律に関連したどんな質問でも良いからしてみると良い。電話で問い合わせたとすると、ちょっと時間をくれ折り返し電話をして、その質問に答えるからと言うか、とに角こちらの事務所に来てくれ、そのときに答えると言うのは、まだ良い方で、ひどいのになると、ウチはそういった問題は扱ってないから、こういった問題に詳しい事務所をあたってくれという輩も結構いる。

どうしてそんなことになるかと言うと、一つには弁護士制度にある。弁護士になる為の試験は、皆さんよくご存知の通り司法試験だが、あの試験は、法の概論だとか、いわゆるアカデミックな悪く言えば机上の空論であり、実務的な法律を問うのではない。

従って司法試験に受かっても、実際上の法律知識は無く、その後の司法修習やイソ弁と言って弁護士事務所の雇われ弁護士になっても、指導的立場の弁護士事務所所長から、法律なんて、客から問い合わせがあったときに六法全書で調べれば良いのだという教育を受けているので、のんべんだらりと構えているので、いつまでたっても法律に詳しくなることはない。弁護士といえば、法律を隅から隅まで知っていて、どんな質問にもすらすら答えられるなどということは、単なる都市伝説にすぎないということである。

司法試験は実はそんなに難しくない

弁護士になる為の司法試験は、超難関の試験だと思っている方は多いだろう。しかし皆さんが思っている程ではない。日弁連の発表では、平成三十年度法科大学院卒の合格率は、29・1%である。思ったよりも合格率は高いとお思いではなかろうか。いくら合格率が高いと言ったって、難易度が高いのではと思う方は結構いるだろう。ではその試験の内情はと言うと、この試験は六法全書を見ながら解いて良いのである。またこれは多くの方が新聞、ニュース等で司法試験の問題を事前に大学教授が受験生に漏らしていたという事件の報道が毎年必ずといっていいほど流されるのを記憶なさっているのではないかと思う。実は事件化されたのはいわば氷山の一角で、こんなことは、どこの学校の教授もやっているのである。従って合格をする学生の大半は、教授と懇意にしていて、事前に試験に出る問題を知っており、なおかつ試験当日は、六法全書を見ながら、解答するので、難しくないと、種明かしをしたつもりだ。

弁護士に関して、試験に強い偏差値エリートとイメージなさっている方も、結構いらっしゃると思うが、試験だけが得意なタイプならばまだ良く、それにも至らない輩が多数を占めているのが、弁護士という輩なのである。

弁護士は弱い者の味方ではない

弁護士というと、テレビドラマで見ると、社会的弱者が、巨悪に虐げられているのを正義感と、豊富な法律的知識によって救うというのがお定まりであるので、実際もそうなんだろうと思っている方は結構いらっしゃると思うが、これはドラマに限ってのことである。筆者の経験をお話しさせていただこうと思う。筆者が初めて弁護士に訴訟を依頼しようとしたのは、筆者が所属していた行政書士会に営業妨害を受け、当事者間では収拾がつかなかったので、弁護士に依頼をし、訴訟を起こして結着させようと思った。

そこで弁護士事務所を探し、引き受ける弁護士を見つけようとした。明らかに行政書士会側の営業妨害であり、その行為は法律違反であり、証拠も揃っていたので、簡単に引き受けてもらえるものと思っていた。

ところが、最初に会った弁護士は、これでは証拠が今一揃っていないなどとぬかすので、だったら何を揃えれば良いのかと問うと、要領を得ない答えをし、次に会った弁護士は、こちらが悪いということを何の理屈も無くわめき散らし、次に会った弁護士はこちらが法の解釈が間違っていると言うので、ではどう間違っているのか教えてくれと質問したら、六法全書を持ち出して、ページをめくりあさったあげく答えられず、流石に自分の非を認めて相談料を受け取らず、次に会った弁護士が事の真相を一番正直に答えた。この弁護士が言うには、筆者が勝訴する可能性が高い、しかし相手が相手要するに一応は法律の専門家の団体だから訴訟を起こすには、それ相応の覚悟が必要というようなことを言った。そういう団体はいわば強者で、筆者は一個人でいわば弱者だから引き受けないとは言わなかったが、その後訴訟を起こすのにあたって、訳のわからないことを言ってきたのは、弱者の味方をして、リスクを負いたくないということだと筆者は確信した。

また筆者の件だけではなく、例えば筆者のお客様の件で、これは弁護士に依頼したほうが話が早いと思い、弁護士事務所を調べて弁護士に会って依頼しようとしたお客様が、引き受けてもらえなかったなどということも何件もある。これらのお客様はいずれも、社会的弱者であった。そして弁護士が何故依頼を引き受けなかったかというと、訴えを起こそうとした相手が、強者だったか若しくは、お客様の主張が通りづらそうで、裁判に勝てそうもなかったかどちらかである。

要するに弁護士は弱い者の味方、正義の味方などというのは、ドラマの中だけの絵空事に過ぎないのである。

一人の弁護士の取り扱える分野は狭い

裁判といえば、刑事裁判と民事裁判に大別されるのは常識であり、誰もが知っていることである。

まあその二つのうち、どちらにも対処出来る弁護士事務所なり弁護士が滅多にいないだろうとは皆さん察しられていると思う。

例えば民事が得意な弁護士事務所なら、ホームページや電話帳等の広告には、民事の項目が列挙されていることが通常である。

従業員数の多い、何十人単位の事務所だと、三十人いれば、一人の扱える分野はたとえ一つしかなくても、三十種類は扱える計算になる。

しかし実際このように大きい事務所でも、一つの分野に何人もかぶっていて、数種の分野しか取り扱えないことが多いのである。

では、ホームページなり電話帳なりに取り扱い業務として掲載されているのに、出来ないのであれば、看板に偽りありであり、誇大虚偽広告ではないかと言われれば、そうだとお答えする。

では、実際広告に出しているにも拘わらず、取り扱える人間がいなかった場合、どういう言い訳をするかというと、その分野の得意な人間はいたが、辞めてしまって今はいないだとか、確かに取り扱い業務だが、その分野を引き受けて、報酬を踏み倒す客が多かったから今は取り扱っていないだとか、今その分野の人間が出払っていていないので、後で折り返すと言って、なしのつぶてだったりだとか苦しい逃げを打つのである。

すなわち、それだけ取り扱える業務が少ないというのは、業務努力をする気もなく、また能力もない弁護士ということである。

弁護士会の役員になっている弁護士は仕事がない

筆者が行政書士であり、所属の行政書士会を訴えようとし、弁護士を探し回ったことについては前に述べたが、この行政書士会の役員というのは、いわゆる行政書士の業務を行っていない。ではどうやって食べているのかというと、一つにはこのご時世にそんな人間がいるのかと疑問を持つ方も多いと思うが、何らかの既得権を持ち、不労所得で楽に暮らしているのである。それで暇潰しに役員をやり、筆者のような会員が納めた会費から役員報酬を巻き上げ、更に私腹《しふく》を肥やしているのである。

こういった現象は行政書士会特有のものだと思っていたのだが、ある日某講演会でたまたま知り合った弁護士事務所に勤める人間にこの行政書士会の役員の実情を話したところ、弁護士会も、同じことだと言われた。また職業柄弁護士に携わる機会の多い知り合いに、弁護士会の実情について尋ねるとやはり、行政書士会同様とのことだった。

よく○○弁護士会だとかいう名称を耳にすることがあると思う。そしてそういうところの役員は偉い人間で、当然仕事が山のようにあると思ってしまう人が多くいても仕方ないと思う。

しかしその内情は、元々楽に暮らせているので、幸い仕事をやる気もなく、いわば金持ちの道楽で、名誉職をやり、しかも会員が無理をして支払っている会費の上まえをはねるといった、とんでもないものなのである。

弁護士は困難から逃げる

筆者は再三行政書士会を訴えようとした一件について述べているが、結局訴えを引き受ける弁護士は現れなかったので、自分で訴状を書き、弁護士をつけないで裁判を起こすことになった。いわゆる本人訴訟というやつである。そして裁判が進むにしたがって、訴えを取り下げてほしい行政書士会からの、色々な嫌がらせがあったのだが、受け流していた。しかしどうしても許しておけないことが起きた。行政書士は職務上請求書といって、その書類を役所に提出すれば、住民票や戸籍証明を取ることが出来るものを持っているのだが、この請求書を使い終わった場合には、請求書の写しを行政書士会に提出し、新しい請求書をもらうことになっている。筆者は請求書が全て使い終わったので、写しを提出し、新しい請求書をもらおうとしたところ、写しの内容について言い掛りにもならない理由をつけられて新しい請求書をもらうことが出来なかった。

お客様の中には、職務上請求書を使って住民票や戸籍証明を取ってほしいと希望される方も結構多くいらっしゃるので、これをもらえないとなると商売あがったりだが、行政書士会は当時訴えを起こしている相手でいわば敵、そんな所と交渉したりするのは、絶対に嫌だったし不可能なので、数少ない弁護士の知り合いのイソ弁をしていて、のれん分けをされて、弁護士事務所を開いたばかりの弁護士に、行政書士会に代理交渉させ、職務上請求書を取って来てもらおうとした。ところが、この弁護士は、行政書士会と交渉することは、利益相反行為に当たるから出来ないと言った。利益相反行為というのは、双方に関係があるという意味だ。しかしこの弁護士の元のイソ弁先の弁護士はかつて行政書士会の顧問をしていたが、この当時は顧問を既に辞めていて、関係ないのだから、利益相反には当たらないし、ましてそのイソ弁のこの弁護士はどの道利益相反に該当する要素はどこにも無かった。事務所を開設したてで、お客はのどから手が出る程欲しいに決まっているのに、理由にもならない理由をつけて断ろうとするのは、この男も行政書士会の面倒臭さ、煩わしさを知らない訳ではないので、困難な案件と思い引き受けなかったに相違ない。それはこのやり取りのときの青ざめ、引きつった表情を見ればわかる。

ちょっとでも困難と思える件から逃げ出そうとするのは何もこの弁護士だけではなく、はいて捨てる程いる。

まあ弁護士という輩は、エリート意識が強く、汚れているとみなした仕事はやらないという身勝手な連中なのである。

若手の弁護士は仕事がない

本書のはじめのほうで平成30年の司法試験の合格率を書いたが、法科大学院なるものを創設し、試験合格者を濫造した為、弁護士を含め法曹界は飽和状態になってしまった。弁護士事務所を開設し一本立ちしようとする人間は、まず司法修習生時代は給料が支払われるし、その後どこかの弁護士事務所に雇われイソ弁となれば、勿論給料は支払われる。そして本人がそろそろ独立して自分の事務所を開設しようとするか、この不況というご時世のせいで、人を雇いきれない事務所は幾らでもあるので、放り出され、やむなく独立を余儀なくされた場合は、いずれにしても個人事業主になるので、当然給料は無くなる。

そうなると自分でどうにかして仕事をとるしかないのだが、自分が得意とする分野には既に手をつけている人間がいて、大した実力が無くても、実績があるということになっている人間に依頼したいという人が普通なので、その人達を奪いお客様にすることは、難しい。それでもまだ先人が手をつけていない分野を模索していく手はあるのだが、そんなバイタリティのある人間はまずこの業種にはいない。

数年前に、若い弁護士が仕事が無く、仕方ないので、コンビニでバイトをしているという報道がなされたことがあったが、あれは事実だ。筆者がこの報道がなされた頃行き付けのコンビニの店員と世間話をすることがあったが、その店員は、弁護士だと話していた。

前章で述べたが、取れる筈の仕事をみすみす逃してしまう若い弁護士もいる。

別にこれは若い弁護士に限らないのだが、弁護士という輩はどうやっても生きていくという力が無い者が多い。それでも一昔前に弁護士になった連中は、いい時代に始めているので、今でも一応は昔の名前で食べているが、この世知辛い時代に弁護士を始めた若い人間は何の恩恵にあずかることも出来ないのである。

弁護士は法律上特権階級などという立場でないのに、勘違いしてお客様に説教したがる

弁護士法第三条では、弁護士は、当事者その他関係人の依頼又は官公署の委嘱によって、訴訟事件、非訟事件及び審査請求、異議申立て、再審請求等行政庁に対する不服申立事件に関する行為その他一般の法律事務を行うことを職務とするとある。この条文を見て、弁護士が特権階級であるという風にはとうていとれない。

ところが、弁護士はすべからく自分は特権階級であるという選民意識を持っている。

何故そんな意識なのかと言うと、まず超難関と思い込んでいる司法試験に受かった頭脳レベルがずば抜けている人間だということだ。そして世間では弁護士先生と持ち上げられ、ちやほやされるのでその気になっている。中にはマスコミに出たり、政治家になったりする者もいるので、自分は凄い人間と思い込んでしまう。

そんな勘違いした輩だから、お客様に対する対応の酷さたるものは凄いものだ。往往にして上から目線で明らさまに人を見下した態度で、先生と呼ばれているのだから、教えて

やるのだと言わんばかりでしたり顔で説教する。情愛のかけらもない態度で、例えばお客様が詐欺の被害者であるとすると、悪い人間と付き合うあんたが悪いなどと平気で口走り、これからはまともな人間と付き合いなさいなどと上から目線で説教をたれる。そのお客様の年齢が喜寿を超えているような人生の大ベテランであったとしても、お構いなしに上から目線で説教をたれる。そして言い終わった後には、自分はなんて良いことを言ってやったんだろうとドヤ顔だ。呆れるしかない惨状である。

もし皆さんが、よんどころない事情で弁護士に関与し、このような態度を取られ、腹の虫がおさえられない場合は、てめえ何様のつもりだ、先生でも無ければ、選民でもない。この弁こうとでも言ってやったら良いと思う。

本当に能力の有る者は馬鹿馬鹿しくて弁護士を辞める

司法試験の人気予備校で合格率の高い学校の学長といえばご存知の方も多いだろう。この人は確かにとても優秀な人で、大学在学中に司法試験に合格したそうだ。この人の講演会に行き話を聞いたが、その話も面白くかつわかり易く、法的知識も大変豊富だった。そして相当頭のキレる人物だと思った。そして人間的パワー、バイタリティに溢れていると思った。どんな業務を歴任してきたかは、細かい説明は無かったが、当然いい仕事をしてきた人物に違いないと思った。筆者はこれまで弁護士の無能さ、だらしなさ、やる気のなさをさんざん述べてきたが、一連の弁護士と違い、こういう人物こそ世の人が思う弁護士の理想像に限りなく近いと思った。

ところがこの人弁護士をこの講演会の時点で既に辞めていると話した。理由は弁護士特に弁護士会の連中の体質が馬鹿馬鹿しくなったからだそうである。

この人の他にも、筆者も含めこれぞ良い弁護士という人物は、やはり早々に弁護士を辞めている。

つまり弁護士としてベストやベターの人物は弁護士業界から去り、こんな人間こそさっさと辞めてしまえという輩がいつまでもはびこっているという皮肉な現象なのである。

集団訴訟で弁護団を結成するのは、臆病で能力がないから

テレビのニュース、ワイドショー、新聞報道などで薬害訴訟、米軍基地問題訴訟、原発訴訟等で何十人或いは何百人が連名で原告となり、国や大企業等が被告になっているのは、連日のように皆さんも見聞きしていることだと思う。そしてその弁護は弁護士が複数で弁護団を例外なく結成しているのも周知の事実である。

別に原告の数が多いからといって、それを弁護する弁護士がそれに応じて多人数で束になって弁護団を結成しなくてはいけないなどという法律も無ければ規則も無い。

では何故多人数なのか。一応正当な理由としては、原告が多いと一人一人の意見や事実関係を聞くのに一人や少人数の弁護人ではさばくのが大変ということはある。しかしこれが真の理由ではない。こういった集団訴訟となると敵となる被告は社会のいわゆる大物なので、訴えを起こすと、どういった報復が待ち受けてるかわからない。だから束になっていないと怖いのである。そして訴えを起こした結果がマズかった場合、原告から責められた場合に、誰に責任があるのかあいまいにしてしまおうという意図もある。そして最も情

けない理由は、一人一人の能力が大したことなく、束になって集団を作れば、誰かが上手く訴状や資料を作成してくれるだろうという他力本願の考えである。

　しかしほとんどのケースで誰も上手く訴状が作成出来ないので、実際に作成しているのは、各事務所の職員だったり、こういう作成業務に長けた外部の人間にアウトソーシングしているというお寒い現実がある。

弁護士はベテランほど使えない

世間一般の常識として、弁護士なら、なりたての青二才より、経験豊かなベテランのほうが頼りになるのではないかという考えがあると思う。

しかし残念ながらそんなことは無い。法律は年々改正され新しくなっていくが、ベテランはそれについていけていない。しかも変な風に自分なりの考えが凝《こ》り固まっていて、その考え方が間違っていても、それを改めようとしないどころか自分が一番正しいとさえ思っている。こんな輩に、もしお客様が、その考えは間違っているのではないかとダメ出しをしようものなら、烈火の如く怒り出し、訳のわからない理屈にも何にもならない言葉をわめき散らすのがオチだ。

弁護士には定年が無いので、自分がやりたいと思えば何歳まででもやることが出来る。そうなると年齢が上になるにつれて、もうろくしている人間も増え、最悪の場合は認知症になって呆けている場合さえある。こうなったら業務以前の問題だ。

そうであれば、老弁護士でなく、いわゆる円熟期の人間なら一番良いのではないかという意見が聞こえてきそうだが、これもそうではない。この時期の人間は、年齢的、キャリア的に仕事が入ってき易いので、本当は実力が無くても、自分は凄い弁護士だと自惚れているが故仕事を選び、本当に困って助けてほしいお客様の案件は大変作業が困難で、上手く解決出来るとは限らないので、引き受けたがらず、楽に取り組み易く、報酬の良い案件ばかりやりたがるというとんでもない傾向がある。

ならば若い人間に頼めというのかと言われそうだが、筆者は別にそれを勧めるつもりは無いが、上手く解決出来るかは別にして、ベテランよりは、少なくとも何とか一生懸命取り組もうとする姿勢の者もいるし、威張り腐った態度の者は少ないということは言える。世の中ベテランの味というか経験が物を言う職種は幾らでもあるが、弁護士に関しては、老兵は去れというかベテランは去れなのである。

刑事裁判の弁護士に比べて民事裁判の弁護士は落ちる

筆者が一時期割と頻繁に通っていたキャバクラに大学の法科に通っている娘がいた。一昔前のキャバ嬢の話はヨタ話が多かったが、この娘の法学部の授業の話は、到底人から聞いた話を横流ししている感じも、作り話をしている感じも全くなく、信ぴょう性があり、なるほどと思うことがあった。その娘は、刑事裁判担当の弁護士を目指し、刑事裁判を目指している学生は大変優秀で授業態度も真剣で、連日学生同志で集って裁判のシミュレーションをし、白熱した議論を重ねているとのことだった。この娘は民事を目指している人間はその反対に能力が無く、不真面目で、モチベーションも低いとは言わなかったが、そう言っているとしか思えなかった。そこで行政書士仲間の法科大学院卒の者や有名大学法学部出身の者に、民事と刑事を目指す方向性について尋ねたところ、異口同音に刑事と民事を目指す人間の方向性を教えてくれた。やはり筆者のにらんだ通りだったのである。

筆者が民事について弁護士に依頼しようとして上手くいかなく、その理由は能力のなさ、やる気のなさが大部分を占めるということは散々述べてきた。

では刑事はどうなのか。お恥ずかしい話だが、筆者は酒の勢いにまかせ、他人に暴力を振るってしまい、留置所に抑留されてしまったことがある。そこでいわゆる当番弁護士を呼び、早急に抑留を解いてもらい、釈放してもらえるように依頼した。そうしたところ、弁護士に依頼しなかった場合三週間は抑留されるところを一週間早く釈放された。そこで折り合いの悪くなっていた母との仲を何とかしてくれるように依頼したところ、出来ないと言ってきた。こちらとしては、民事に入るとは言え訴訟では無く示談なのだから、そのくらいのことも出来ないのかと思い、この弁護士と喧嘩別れする結果にはなったが、当初の依頼目的である、早急な釈放は成功している。何もやることが出来ない民事担当よりは、はるかにましだ。

オウム裁判の横山弁護士は、実は一番能力のある弁護士である

オウム真理教事件の故麻原彰晃の担当弁護士だった横山弁護士、通称ヨコベンを皆さん覚えていらっしゃるだろうか。多分バブル世代から上の世代の方は、テレビのワイドショーでのリポーター相手の大立ち回りを覚えていらっしゃる方も多いと思う。そしてそのヨコベンのことを弁護士会に五百人弁護士がいるとすれば、五百番目の弁護士即ちビリの弁護士だとしたり顔で宣《のたま》った女弁護士の映像を覚えていらっしゃる方もいると思う。

ところがこのヨコベン、ビリの弁護士どころか大変優秀な弁護士だったのである。この人は高卒で大学に行っていない。大学を出ていない人間が司法試験を受けるのには、大学卒業同等の学力があると認められる試験を司法試験を受ける前に受けなくてはならない。これは司法試験を受かるより、はるかにハードルの高い試験である。当たり前のように大学を出て、司法試験に通り、凄いだろうと思っている人間だって、まず受からない代物に受かっているヨコベンは、その事実だけでも、優秀なのだ。

またこのヨコベンは、頭が良いだけではなく、シベリアの開発団に加わって働いた経験もあるそうで、大変骨のある人間なのである。

それに例の女弁護士には残念ながら、ビリどころか、弁護士実績も素晴らしかったということも何かの記事で読んだ記憶がある。

要するに弁護士というか弁護士会の思考回路は、極めて偏狭な学歴学閥主義に凝り固まり、高卒のヨコベンに頭脳でも、仕事の実力でも自分達が負けているからといって、逆から物を言い五百人の先頭をビリだと宣っているのである。愚の骨頂である。

弁護士は金銭感覚がない

弁護士にはこんな人間がいる。渋谷の駅から従歩五分以内のいわゆるエキチカの新築、受付けコンシェルジュ付きの、広さ一〇〇平米は下らない事業所用マンションに弁護士事務所を構えている者がいる。こんな条件が良過ぎる物件は、誰がどう考えたって、月々の家賃五十万円以上するのはわかる。この家賃を捻出するだけのお客様がいて、仕事の依頼はどしどし来ているのかと思いきや、全く正反対なのである。この者事務所を開いて間もない分際で仕事を選り好みし、ちょっとでも厄介な案件は、屁理屈にもならない理由を付け引き受けないばかりか、これなら簡単に出来るだろうという案件からも逃げ回る有様で、文字通りこの事務所は閑古鳥が鳴いている。こんな調子で高額な家賃なんて到底払っていけないことくらい子供でもわかる。ところがこの御仁全く意に介していないのだ。家賃滞納でいつ追い出されるだろうと、他人事ながら思うが、追い出されたら、どうするのだろうか。家賃滞納で追い出されるような弁護士に依頼する人などいないと思うのだが。

またこれはベテランの弁護士だが、銀座の超一流の寿司屋で毎晩飲み食いするのが日課で、大人数で宴会を開けば、大盤振舞いして、全員の支払いを一手に引き受けているが、大して流行っている事務所でもないので、どうやってこれらの支払金を捻出しているのか不思議になってくる。

まあ高級寿司店に通うのを日課としているのは極端な例だが、弁護士の実情について詳しい知り合いに聞くと、弁護士は何かにつけて寿司屋それも高級寿司店に行きたがる傾向があると言う。

超高級事務所物件の輩といい、夜な夜なの高級寿司店行脚の輩といい、こんな金銭感覚の持ち主に何かを依頼するのは、皆さん不安ではないかと思う。弁護士はそれくらい一般常識に欠ける連中なのである。

弁護士はちょっと頑張ればいい事すらやらない

以前のことになるが、これは訴えを起こそうとした訳ではなく、まあトラブル解決を弁護士に依頼しようとしたことがある。断られたのだが、理由は、相手が遠方だからしんどいからだと言う。遠方と言うからにはどれくらい遠いのかと皆さんお思いでいらっしゃると思うが、電車で小一時間の所である。これくらいだったら毎日通勤なさっている方もいくらでもいらっしゃる筈だ。しかし弁護士的には遠方で依頼を断わってしまうのだ。

大分前の章で、行政書士会に新しい職務上請求書を発行することを拒まれた件で、代理で請求書をもらって来るように依頼した弁護士が訳のわからないことを言って断わった件を述べたが、これには後日談があって、その弁護士は自分で引き受けられないかわりに知り合いを紹介すると言ったので、その紹介された弁護士に会いに行った。すると名刺交換の段階から露骨に嫌な顔をし、こちらが依頼したい概要《がいよう》を話しているのに、聞いている様子も無く筆者が話し終えるや否や、証拠書類のお客様の個人情報を黒く塗り潰した部分がインクが薄くて透けて見える部分があったので、それをこの弁護士は「これは何々と書いてあるね」とつまらぬ粗探しをして本題から話題を避け、こんな阿呆な人間が何を言ったのかすら覚えていないが、とに角断わってきた。この一件は、行政書士会がどんな団体であろうと、弁護士権限で簡単に解決出来る問題なのに、子供じみた粗探しをしてまで、この弁護士にとっては逃げたい代物なのである。

現在私が住んでいる町には弁護士が一人もいない。周辺五町合わせても、一軒しか弁護士事務所が無い、もしこのような弁護士過疎《かそ》地域に誰か事務所を開けば、それなりに回っていく可能性は充分ある。しかし誰かが開業する様子は全く無い。事務所を新規開設するとすれば、事務所濫立の繁華街で、そんな所では当然のように飽和状態で仕事の依頼などない。こんな簡単な方程式すら理解出来ず、過ちを犯す、弁護士とは珍しい生き物なのである。

弁護士は法廷では何もやらない

よくテレビドラマの弁護士ものでは、クライマックスは、法廷でのやり取りで、その場で事件の思わぬ核心が暴き出されたりするのが定番化していて、そこに至るには、検察官と弁護士の丁々発止の駆け引きがあり、検察官のえげつない質問に対して、弁護士が手を上げ、大声で「異議有り、今の質問は、明らかに検察の誘導尋問であります」とまくし立てるのも、定番であるが、実際の裁判ではどうか。勿論あれは刑事裁判であり、民事裁判とは、違った側面があるのは事実である。

民事裁判の実際は、例えと言うのであれば、役所の窓口手続きが一番近いものだと言える。一つの裁判室内に、一時間何組もの原告、被告が入室し、事件番号を呼ばれた原告と被告は、部屋の先頭にある、原告席、被告席に座る。裁判の冒頭で、裁判官から、訴状その他の書類に間違いないか原告、被告が尋ねられ、双方間違いないと答えれば、次回の公判日までに反論やその他提出予定の書類の有無を尋ねられ、有ると答えれば、裁判官は、「では次回までに提出しろ」と機械的に言い、では次回の日程を決めようということになり、「〇月○日この日はどうだ」と裁判官に尋ねられた、原告、被告がその日双方都合が良いと答えれば、次回公判日が決定し、その日の公判はこれで終わる。このやり取り時間にしてわずか五分程度である。よく裁判の公判出席というと大変なプレッシャーになる人がいるが、内情はこんなもので、何も恐れるに足らない。勿論この流れに幾らか肉付けされて、裁判官からの確認の質問等がある場合もあるが、それだってたかが知れている。

そして弁護士だが、この公判の中で、何をするかと言えば、裁判官の質問にイエス、ノーで一言答えるだけである。当然大声を出して何かを差し止めたり、追及することもなければ、驚くべき新事実を提示することも無い。ただのイエス、ノーマシンに過ぎず、弁護士がご活躍なさるのは、ドラマの中だけということだ。

弁護士は強者に忖度する

筆者が大分前だが、東京に在住していたことがある。その時、隣には外交官一家が住んでいた。

この外交官一家の外交官夫人は、車の運転をすれば、全く交通法規を守らない、精神状態が悪いと、玄関に誰が訪ねても応対しない、ゴミの出し方は目茶苦茶、いわれの無いことで隣近所にやって来ては、苦情をわめき散らす、外交官夫人のくせに、夫の赴任《ふにん》先の海外には行かず、いつも自宅にこもっている等信じられない行状が数限りなくあり、近隣住民は皆忌み嫌い、あの奥さんはおかしいとささやきあっていた。

そんな女だから当然我が家ともトラブルになることは、しょっ中だった。そこで母は一計を案じ、ベルリンの壁ではないが、隣との垣根に隣人間断絶の象徴であるへいを懇意にしていた植木屋に頼み造らせた。法律違反にならないようにその受注した植木屋が綿密に法律を調べ上げたうえでだ。

案の定というかやっぱりというか、例の外交官夫人が黙っている訳はなかった。早速我が家に怒鳴り込んで来て、造ったへいが目障わりだから取り壊せと言うのだ。しかしこちらとしては、法に触れている訳でも、造設費用を隣の家に一円たりとも支払わせた訳ではないので、母は植木屋に隣の夫人を説得してもらうように頼んだ。当然そんな説得に応じるような女ではないので、訳のわからないことを怒鳴りながら言い返し、しばらくしたある日、女の弁護士を連れて、我が家にやって来た。外交官夫人は、例によってヒステリックに訳のわからないことをわめき散らしていたが、この女弁護士はそれを宥めようともせず、撤去費用が出せるのであれば撤去してと母に撤去を促した。流石に何も法に触れたへいではないので、法律違反だと言いがかりをつけることはなかったが、一方に全額費用を支払わせ、義務のない撤去を求めるなど言語道断な理不尽要求であり、ましてや法律違反である。どうしてこのような理不尽極まりない要求を女弁護士は平気で出来るかというと、片や外交官夫人という地位のある人間で片や単なる一主婦であるので、理不尽でもなんでもとに角要求を飲めるというういわば強者有利弱者不利だという強者絶対の法則というかそういう意識であるとしか言いようがない。

他にもトラブルの双方が片や会社役員片や無職だったりすると、依頼者は無職の人間の方でしかも法律的にはそちらが有利なのにも拘わらず、会社役員の方に有利なように示談をすすめてしまったなど強者を助け、弱者をくじく弁護士の話は、よく筆者の耳に入ってくる。

つまり弁護士は強者に忖度し、権力べったりの選民意識の権力崇拝弱者排斥主義者なのである。

悪徳弁護士は実際にいる

弁護士もののドラマを見ていると、主人公の敵役《かたき》として、悪どい弁護士が出てくることがある。その悪どい弁護士が、酷い目に遭わされている被害者から、悪徳弁護士とののしられたりするのは、よく見るシーンだ。

実際に当たり前かも知れないが、悪徳弁護士というのは存在する。

筆者が官公庁が主催する、経営者セミナーの聴講に訪れた際の講師は、経営問題担当の弁護士だった。その講演の内容は、いかに法の目をかいくぐって、労働者から搾取《さくしゅ》するか、不当に労働者を長時間労働させるか、労働者にとって理不尽な就業規則の書き方等々とんでもないことばかりレクチャーする講演会であった。これは役所が主催するセミナーだったから聴講者は参加費無料だったが、もしこの講演を聞いた経営者の中で、これくらいあこぎな弁護士だったら、考えようによっては頼りになるなどと思った者が、自分の経営する会社の顧問になってほしいなどと依頼したとすると、まずは顧問料のふっかけから始まって、あの手この手で金を巻き上げようとすること必定である。そういったカモを狙って講師を引き受けている訳である。

最近何かと話題になっている成年後見人制度だが、この成年後見人になり、被後見人の財産を認知症等判断能力が衰えていることをいいことに、財産を巻き上げている弁護士は結構な数いる。このことについては、問題になりマスコミでも取り上げられているので、ご存知の方も多くいらっしゃると思う。

こういった一連の悪徳弁護士は、身体的にある種共通したものがある。まず体型は太目であり銀縁の眼鏡をかけ、地味な色のスーツを着込み、何よりの一大特徴は、一目見て感じの悪い人相の悪さだ。そういった意味では、悪徳弁護士の判断基準はわかり易いので、こういった特徴のある弁護士と遭遇してしまった場合は、離れるようにし、間違っても依頼などしないことが得策と言える。

弁護士はユーモアのセンス皆無のつまらぬもの

テレビのバラエティなどに出演する弁護士で一見面白風で売っている輩がいるが、あれはあくまで弁護士のわりには面白いというだけで、その面白さもリハーサルで台詞を打ち合わせ、収録本番では、何とか打ち合わせ済みの台詞を引き出そうと司会者をはじめ出演者が必死になり、やっとどうにか弁護士が面白風の台詞を言うというカラクリだ。最近はテレビの舞台裏事情に詳しい方が多いので、こんなことあえて筆者が説明するまでもないのかもしれないが、何もテレビに出演する弁護士でなくても、ユーモアのセンスはすべからく無い。

筆者が行政書士に成り立ての頃、行政書士会主催の成年後見についての講演会に出掛けたところ、講師は成年後見担当の弁護士だった。その弁護士は、当時流行っていた韓流ドラマのシーンをしきりに講演にはさんで笑いを取ろうとするのだが、面白くもおかしくもなく誰もクスリともしない。あんまり受けないものだから、この弁護士、今日は男の方が多いから誰も笑わないけど、女の方が多かったら、バカ受けするのになどとごまかそうとしていたが、別にドラマの内容を知らないから、面白くないのでは無く、単に話がつまらな過ぎるだけだ。勘違いしているのか、わかっていてもどうすることも出来ないのかは知らないが、いずれにしても、つまらない、笑えないということでは一緒である。

　また日を改めて成年後見のセミナーが開かれたのだが、その時は前回とは別の弁護士が講師としてやって来た。その弁護士は成年後見の標語を作ったとやらで、講演の場で、その標語を披露したのだが、どうやら笑いを取ろうとした標語らしいのだが、あまりのつまらなさにこれも誰も笑わない。ところが、この弁護士面白いでしょと言い一人でゲラゲラ笑っていた。その有様を見て聴講者皆唖然としているのにも全く気付く様子もなく、この弁護士は一人で笑い続けていた。

　まあ学生時代から法律のことしか勉強してこなかった弁護士連中に笑いのセンスを求めるほうが土台無理な話だったから弁護士達は、不得手な笑いを無理して取るなど考えず、しゅくしゅくと業務に励めと御忠告申し上げたい次第である。

女の弁護士は考えられないくらいレベルが低い者が多い

もうかれこれ十年くらい前になると思うが、ストーカー行為をやったかやらないかで裁判沙汰になっている女性から行政書士業務の範囲で何とか助けてくれないかという依頼を受けたことがある。

その依頼してくれた女性に、裁判を担当している女性弁護士作成の反論書を是非見てほしいと言われ渡された。依頼者の女性は、この先生簡単な漢字も間違っていると言って笑っていたので、その書面を見てみると確かに小学生でも書き間違えないんじゃないかと思うほど簡単な漢字の誤字脱字のオンパレードおまけに内容も支離滅裂な酷いものだった。

そんなやり取りがあってから数日がたって、その女弁護士から筆者に電話があった。取り留めの無い筆者への苦情めいた内容だったが、筆者が依頼者の為に作成した裁判の相手方への要望書、内容証明郵便、依頼者への実地調査に基づいた報告書、要するに筆者が作成した書類が全て業務範囲を超えていて、法律違反だとか言っていたが、これらは全て、ばっちり行政書士の業務範囲であり、正当義務であるので、その旨伝えようとしても、またも取り留めの無い苦情めいたことをつぶやき、こちらの話には全然聞く耳を持たない。同じ文句を言うにしても、きちんと調べてからにしろよと思っていると、「私の書いた反論書は素晴らしいでしょう。こんないい文章書けるの私だけだ」と自慢してきた。これには正直ぶったまげた。誤字脱字だらけのあの支離滅裂な文章を自画自賛するとは、この人頭がおかしいんだと思い、適当な頃合いをみて電話を切った。

筆者の母が大した問題ではないが、法律問題ではあったので、地元の弁護士会が主催している法テラスの相談会に相談に行ったところ、相談員は、年配の女弁護士だったそうだが、話題は質問内容からどんどん脱線してゆき、母が筆者の経営していた飲食店に出資したことについてとがめ立てしているうちに、相談は時間切れになり終わったそうだが、法律相談は、主婦の井戸端会議でも老人の茶飲み話でもない。まことにもってとんでもない話である。

以前の章で述べた外交官夫人の件の女弁護士といい、この章で述べた二人の女弁護士といいレベルが低過ぎる。筆者は男の弁護士の無能さ、やる気のなさ、情けなさ等その酷さについてとうとうと述べてきたが、それに比しても多くの女の弁護士のレベルの低さは目に余る。なんとかしてくれと言ってなるものではないところが頭の痛いところである。

法テラスの弁護士共

相続放棄というと、経験の無い方は大変な手続と思うだろう。筆者もそうだった。そこで弁護士は大嫌いだが、自分では到底出来ないと思い、渋々法テラスに行った。

出てきた弁護士は例によって弁護士特有の居丈高なムカつく態度の弁護士で、相続放棄は簡単だから自分でやったほうがいいとぬかした。それでも一応弁護士に依頼したら、いくらかかるか聞いたら部屋を出ていき、事務方に聞いているようだった。戻ってきて、自分が引き受けると時間がかかるとか言って逃げ腰になった。多分報酬が安かったんだろう。そこで裁判所に行き、相続放棄の書類をもらってやってみたら、本当に簡単だった。

こっちは金を支払わなくて助かったが、あの弁護士は仕事をミスミス一件逃したのだ。そんなことだから法テラスに通っても仕事が無い。馬鹿な奴だ。

もう一回法テラスに行ったことがある。それは自己破産の件でだ。出てきた弁護士は特有の居丈高ではなかったが、お袋の未収年金は銀行で下ろすと相続放棄が成立しなくなるとぬかした。

何か変だなと思ってネットを見ると、未収年金は下ろしたって相続放棄は成立すると書いてあるし、念の為年金事務所に電話すると、未収年金は相続じゃないので、自由に下ろしてもらって構わないと言ってくれた。

要するにこの弁護士、能力も知識も無いんだな。

読者の皆様の中には困り事が出来たら、法テラスに行けば良いと思っている方もいるだろうが、法テラスは程度の低い弁護士の巣窟だから行かない方が良い。

行政書士の同僚について

この同僚というのは後述する貸金業登録申請の社内規則の作成を引き受けてくれた者だが、この男仲々度胸が良く、活発なんだが、そんな男でも、行政書士なら誰でも持っている戸籍や住民票が取れる職務上請求書を使って、探偵社から依頼があった案件で、相続の為に戸籍を取ってほしいという立派な正統業務なのにビビリ出し、行政書士会には綱紀委員会というものがあって、支部の副支部長の女もそこに入っていることを気にしてぐちゃぐちゃ言うので、筆者が「ああ、あのくそ女」と言うと、やっとリラックスして、爆笑していた。

またこんなこともあった、当時の行政書士会には、成年後見委員というものがあって、それになる為には試験があるのだが、その男が一足早く委員になった筆者に本を貸してほしいと言うので、喫茶店に本を持って行くと、その男は青い顔をして、試験に合格する自信が無いと言う。そこで筆者は、俺が試験受けたとき落ちたのは八幡山だけだよと言うと、私は既に八幡山になってるかもしれないとまだ落ち込んでいるので、八幡山は試験の途中で青い顔してうんこに行ったんだよと言うとやっと緊張の糸がほぐれて、普段あんなに偉そうに威張ってるくせにと言って、その後は明るく談笑した。

この同僚の男、行政書士としては、最高級に度胸があって活発なのにこのざまだ。いかに行政書士が情けない人種かわかるだろうと思う。

検察の不思議

筆者が行政書士会を訴えたので、その報復のつもりなんだろうか、行政書士会が筆者のことを警察に告発してきたことがあった。しょうがないから、警察に出向き事情聴取を受けて、帰っていいから、もうこれで終わりだからと刑事に言われたので、助かったと思った。

ところがである。ある日電話がかかってきて、検察の者だけど、話しに来てほしいとか言ってきた。何について話しに来てほしいのか言わないのが、まず駄目なところであるが、筆者はすぐに行政書士会の告発状の件だろうと思って「行かない」と言って電話を切った。そうしたら、大分月日がたってから、また検察から電話がかかって来て、来ないと拘置所に入れることも出来るんだぞと筆者を脅してきたが、たった告発状一通でそんなこと出来っこないと思い、拘置所にぶち込めばいいだろうと言って電話を切った。それからまた月日がたって、警察から電話があって筆者のことを病院に入院させてほしいと検察が言っていると言うので、病院に入院する意思は無いと言うと「そうですか」とあっさり警官は言って電話を切った。

要するにこの検察の検察官だか書記官だか忘れたけど頭が固いんだな。検察は偉いと思い込んで、何でも無理難題も通ると思ってるんだろうが、そんなのに付き合っていられるか。

後日判明したが、この件は起訴猶予になったそうである。

某行政書士会について

某行政書士会は、はっきり言ってどうしようも無い。

筆者が現住所に引っ越してきて、事務所移転届けを出さないでいると、うちまで訪ねてきて、強引に移転届の書類を置いていって、その中身を見てみると、このテレワーク時代に逆行して、事務所を自宅では無く、外に事務所を借りるようにとなっている。

筆者のように事務所を借りる金が無い者にとっては、もう行政書士を辞めるしかない。

そこで退会届を行政書士会に送ると、当初はどこにも記載が無かった書類等を出せと威張った係の女が言ってきたので、渋々出すと、書式が違うとダメ出しを上から目線で言ってきたので、また渋々訂正して出すと、はいこれで終わりと言うので、やっと辞められた。ほっとしたと思った矢先に通帳記帳に行くと、本来払わなくても良い、何ヵ月も先の会費が引き落とされていた。あわてて抗議すると、それでも、平謝りに謝って、支払った金を戻してきた。いつも上から目線で威張って仕事してるんだろうけど、そうはいかないときもある。少しはわかったか。

筆者が行政書士時代に携わった印象に残る案件（1）

筆者の行政書士として、初めて扱った案件は、筆者の新聞広告を出してもらっている広告代理店からの依頼であった。詐欺師が広告を出してもらったのにも拘わらず、料金を支払わないから、何とかしてほしいというものだった。

早速その詐欺師の住居へ行き、料金を支払ってほしいと言ったら、だめだと言われ、門前払いをくらってしまった。そこで詐欺師の被害者と会う機会が出来たので、色々聞いたが、古典的な詐欺なんだが、皆高齢で、判断力が鈍っていて、ころっと欺されたようだった。そして筆者は詐欺師の息子や不動産屋等に話しに行ったが、要領を得なかったので、広告代理店の人に簡易裁判所に訴えましょうともらしたところ、そうしようと言うので、詐欺師を訴えた。

簡易裁判所に行ったところ、被告である詐欺師と調停してくれということになって調停員と、広告代理店の人達と筆者と詐欺師と話し合いの結果分割払いで詐欺師が広告料を支払うということで原告側は渋々従った。

後日広告代理店の人達によれば、毎月少額ながら支払っていると聞きほっとした。そして筆者の広告をお礼代わりに無料で掲載してくれることになった。

筆者が行政書士時代に携わった印象に残る案件（2）

既に先述した広告代理店からの紹介で、貸金業登録申請の案件を扱うことになった。ところが間の悪いことに丁度改正貸金業法の施行によって、社内規則を添付することになっていた。

貸金業登録センターに行くと紙を渡されて、そこには社内規則に盛り込む内容が膨大に書かれていて、こりゃ到底筆者では難しいと思い、支部の同僚に社内規則を作ってくれないかと話を持ち掛けたところ、いいですよと二つ返事で引き受けてくれた。同僚が社内規則作成中に筆者は何回も都庁に出向き、何とかこの貸金業登録申請が通るように、お願いに行ったもんだ。そしてこの案件は審査を無事通った。都の担当者の話では、都の三本の指に入る早さだったそうだ。

この貸金業登録申請は各業者社内規則作成に困っているお陰で発注がどしどし来た。勿論社内規則は例の同僚で、筆者のやることは、仕事を受注する交渉と社内規則以外の申請書の作成と出来上がった申請書類をセンターに持ちこむことだった。

しかし残念なことに折角申請が通った貸金業者は、新貸金業法の利率では、食っていけないので、皆貸金業を辞めた。

筆者が行政書士時代に携わった印象に残る案件（3）

それは突然のことだった。電話は便利屋業をしている知人からだった。中身はこうだ。ある人が葬式のときくれると言った男がいまだに支払わないので、何とか支払わせてほしいという内容だった。

そこで早速そのお客さんの家に行き契約をし、その足で支払わない男の家を訪ねると支払う約束はしていないと言う。

そこで、まずこの男に内容証明郵便を出し、払わなければ訴えると書き添えた。それでも一向に支払わないので、簡易裁判所に訴えることにし、手続きをした。この男が厄介な者で裁判所から届いた訴状を受け取らない。仕方ないのでこの男の職場に訴状を送ったら、さすがに観念したのか受け取った。

それからは、ほぼこちらから一方的にこの男の職場と住所を書いた書類を裁判所に送った。

やがて第一回公判が始まったが、一回では決着がつかなかった。

そこで第二回公判に先がけて、お客さんにこの男何か悪いことしてませんかと聞くと、下着泥棒だと言ったので、準備書面に、この裁判とは直截関係ないけど、下着泥棒だと書いた。

そして第二回目の公判の日がやってきた。被告の男は司法書士を雇ってきた。筆者は行政書士なので、訴訟の代理は出来ないので、傍聴席から紙に書いた指示書をお客さんの方に出すのだが、仲々上手くいかない。挙げ句には裁判官から筆者は、指示書を提示するのはやめて下さいと言われた。

裁判は終わって調停となった。結果は、お客さんが満足する結果ではなかったけれど、被告の男が支払う結果となった。

筆者が所属していた支部の異常さ

行政書士は行政書士会に登録しないとなれない。そして事務所所在地にある支部に必然的に所属することになる。

筆者が所属した支部の実情はひどかった。まず支部長がとんでもない人間で、自分の言うことが、絶対だと思い、反論しても聞く耳を持たない。副支部長の女は、講習会やイベントの後の懇親会で、べろべろに酔っぱらって、みんなにからんで、威張り散らす。行政書士の無料相談会の後の懇親会では、支部長が道路使用許可を取らなかった自分が悪いくせに、筆者が当然道路使用許可を取っていると思い、路上でお客さんを連れて来たことを、警察に捕まりかねないことをした奴がいるとか宣ったので、筆者は「道路使用許可を取らないてめえが悪い」と言い返したら、支部長崇拝の支部幹部の若造が筆者に喧嘩を売ってきたので、買ってやろうと思ってこちらも身構えたら、支部員に止められた。この支部長は私が裁判所に訴訟を起こした際に被告の一人としたくらいだから、本当に嫌な奴である。

■裁判官は公正でも公平でも能力のある人間でもない

裁判官はなんの資格がなくてもなれる場合があると法律で決められている

最高裁判所、高等裁判所及び簡易裁判所の裁判官になれる要件には、法律で定める大学の教授又は准教授というのがいずれにも裁判所法で定められている。大学の教授、准教授は、いわゆる公的な国家資格などはなくてもなれる。即ちこれらの裁判所の裁判官は、司法試験や例えば裁判官試験というものが存在したとしてもそれを通らなくてもなれるのである。

では法に定めの無い地方裁判所、家庭裁判所の裁判官になる為の条件とはなんだろうと思い、筆者の知る博学の徒に片っ端から尋ねても意外と誰も知らない。多くは、裁判官は最低でも司法試験は通っているんじゃないのという答えだった。

やっと見つけた裁判官の事情に精通した知り合いは、家庭裁判所の裁判官の場合は、裁判所の書記官を何年か勤め、この人だったら裁判官でもやっていけると裁判所が認めればなれる場合があると言っていた。書記官と裁判官では同じ裁判所の職員でも、役割は全然違うのにこんな任命のやり方もありでいいのかと疑わしく思わずにはいられなかった。

　では地方裁判所の裁判官はというと、裁判所の裁判官にふさわしいと認められた者で良いとのことで、例えば、裁判官や裁判所職員の出来の悪いドラ息子、ドラ娘でもコネでもって裁判官になっているケースもあるそうだ。どうりで裁判官の判決その中でも地方裁判所の判決は、どうしてそんな変な判決になるんだということが多々あるのも納得出来るのである。

裁判官は業界団体の圧力に忖度して判決する

筆者が行政書士会を相手取って訴訟を起こした際、こちらがいかに相手が法を犯し、負けなんだよと、書面、証拠書類で充分立証出来ているのに対し相手はほとんど無抵抗、やられっぱなしなのに何故か第一審の地方裁判所、第二審の高等裁判所は、被告行政書士会を認容《にんよう》する判決となってしまった。

特に高等裁判所の裁判官は、口頭弁論の冒頭で差別があると見たと断言した。このままでは負けるとみて大慌ての行政書士会側は、傍聴席にいた事務長が弁護士を呼び寄せ、追いつめられた顔で、必死に弁護士に耳打ちし、やっと、次回までに反論をしますということで、それを認められ、決着は第二回口頭弁論に持ち越しとなり、その間にその反論文とやらが筆者のもとに届いたので見てみたが、反論にもなっていない反論文であった。案の定第二回口頭弁論で行政書士会側に対して裁判官は、こんな反論で本当にいいの、これだけなのと半ばからかい半分におちょくっていた。それで行政書士会側がもう反論がないとのことで結審《けっしん》し判決を待つことになった。筆者は正直勝ったと思った。行政書士会側の弁護士は、負けを認めたらしく、裁判官が今日はこれでお開きと言う前に、いすを蹴飛ばして帰ってしまった。

ところが判決は、なんと被告行政書士会を認容する判決だった。おかしいと思った筆者は、色々な政治家に繋がりを持つ知人に色々探らせたところ、行政書士会には政治連盟という組織があるが、そこが裁判所に自分達に有利な判決にするようにロビー活動をし圧力をかけ、裁判所はその圧力に屈し、被告行政書士会認容判決にしたとのことだった。

確かにもし行政書士会が裁判に負ければ、一応法律を扱う団体としての体をなすことが出来なくなり、消滅してしまうということが想定されるので彼らなりに必死なロビー活動だったんだろうが、行政書士会程度の団体の圧力に屈してしまうとは、裁判官というものは、ほとほと情けないもんだ。

裁判官は世事に疎い

筆者が行政書士を訴えた第二審の高等裁判所の判決で、証拠書類として提出した領収書に関して、領収書の書式がおかしいと散々くさしていたが、領収書の書式の解釈が間違っているのは、この裁判官のほうで、知人にその判決文を見せ、筆者が裁判官は領収書の書き方も知らない浮世離れしていると言うと、知人も確かに裁判官の中には世事に疎《うと》い人もいますからねと認めた。

筆者のお客様の女性は、自らを裁いた裁判官のことを、お坊さんみたいと言って笑っていた。坊さんが別に浮世離れしている訳ではないが、彼女は浮世離れしている裁判官のことをお坊さんと表現したに違いない。

裁判官というものは、裁判官官舎に住み、通勤には、裁判所が手配した車を使い、勤務中は、公判に出延している時以外は、裁判官室に閉じこもり、昼食は、裁判所内の食堂で食べる。そうやって一日、室内と車にだけいるせいか、顔は青白く気色が悪い。休日はこれも往往にして官舎に閉じこもっており従って外部の人間いわゆる庶民と接する機会はない。よくもまあ、こんなつまらない、もぐらのような暮らしに耐えられるものだと思うが、こんな生活をしていたら、世事に疎くなり、浮世離れして当たり前である。従ってろくな裁きが出来る訳はない。まあなんと恐ろしいことか。

裁判官の能は大丈夫か？

筆者が行政書士会を相手取って起こした第一審の裁判官の判決文は、お粗末極まりないものであった。判決の要旨は、ほぼ相手方弁護人が提出した反論文を、ただ丸写ししたも同然だったからだ。

要するに、どう判断して良いやら皆目わからず、先述した行政書士会政治連盟の圧力があり、行政書士会側を認容しなくてはいけない状況に追い込まれ、てっ取り早く、弁護人の反論書を丸写ししたのだろうとしか思えない。

第二審の高等裁判所の裁判官の判決は、第一審の裁判官のように弁護士の反論書の丸写しではなかったが、判決の要旨には、難しい法律用語をこれ見よがしに羅列してあったものの、肝心の内容は、端的に言えば、ただ法律的に、こちらの主張は、法的に通らないということだけで、何故法的に通らないかなど論理だったものは何もなく、わずか一枚の、はっきり言って失礼極まりない判決文だった。

この高等裁判所の裁判官の対応は怠慢だというのは勿論のこと、それに加えて状況的に行政書士会側を認容しなくてはならないが、原告である筆者を納得させるだけの能力がまるで無いことが見てとれる判決文だった。

他の裁判でも、これらに類似した判決文しか見た試しがない。まあ裁判官などという人種は、所詮文書をきちんと構成する能力もない無能な者の集まりでしかないのである。

裁判官は事の真相を見究められない

筆者が行政書士会に職務上請求書の発行を妨害された件については、弁護士の実態を暴いた欄で、既に述べたが、この一件は結局行政書士会を相手どって裁判を起こすことになった。

第一審の地方裁判所の裁判官は女の裁判官だったので、正直大丈夫なのかよと思ったが、証拠書類の原本確認を行った。他の裁判ではこの確認作業は無かったので、結構やるじゃないかと思い、こちらは全ての証拠書類をこの裁判官に見せたが、相手方は原本を持っていなかった。これはどう考えてもこちらの勝ちだろうとふんでいたが、結果は何故か被告行政書士会の認容判決であった。この女の裁判官は、証拠書類の原本が無いということは、書類を捏造した可能性が高いという簡単なこともわからず、原本を確認したのは、単に確認を行うという知識だけあって、機械的にその作業をしただけに過ぎないのである。

筆者の経営していた飲食店のレジスターのリース契約をした会社が、リース契約解約後にも支払いを続けろと要求してきたので、訴えを起こしたことがあった。その裁判において相手方の提出してきた証拠書類は明らかに偽造であった。この偽造文書については、裁判所に提出しているのだから公文書偽造になるのではないかと思い刑事告訴も可能ではないのかと思い、警察署に出向いて文書を刑事に見せたところ公文書ではなく、私文書なので私文書偽造になるが、とに角まずは裁判を先行させてほしいとのことだったので、勿論この私文書偽造は、文書にて裁判所に伝えた。

そして判決は、私文書偽造という刑法に抵触し、民法上の要素の錯誤にあたる契約をしている相手方が不利だろうと予測していたが結果は相手方を認容する判決であった。確かにこの件と類似した錯誤無効の判例はないが、明らかなる要素の錯誤の契約なので、当然こちらを認容出来るし、するべきなのである。現に地裁判例というものがあるのだから、そうすることは可能なのである。

では何故そうしなかったのか。この裁判官は、はなっから判例がないものは認められないのだと決めつけていたのである。それは公判中にもそんなようなことを自ら言っていたので間違いない。

要するにちょっといつもと違う展開になっただけでもう判断がおかしくなってしまうのが裁判官の能力であり、悲しい性《さが》でもある。

裁判官は弁護士の格で判決する

筆者が行政書士会を相手どった裁判の相手方の弁護士は弁護士会の役員をしている人物だった。勿論他の要因もあったのだが、さも偉そうな肩書きに弱い裁判官は、そのことも含めて、相手方認容判決にしてしまったのである。そういったことが本当にあると裁判事情に詳しい者は言っていた。従ってもしこちらが弁護士をたてたところで、その弁護士が相手方を上回る肩書きの持ち主でないと絶対的に不利なのである。

また前述した職務上請求書やレジスター契約の裁判の相手方がたてた弁護士は、別に弁護士会の役員という肩書きではないが、行政書士会はれっきとした業界団体だし、レジスターのほうは、大した会社ではないが、一応会社登記した株式会社ではある。それに対してこちらは単なる一個人である。従って相手方認容の判決になった面は否めない。これも裁判事情に詳しい者がそう言っていた。

もしこれが一個人対一個人の裁判であれば、結果は全然違っていた可能性は大なのである。現に筆者がお客様に簡易裁判所に付き添って行ったケースやお客様が地方裁判所に訴えを起こし判決文を見せてもらったことがあるが、この一個人対一個人では、結果はお客様の勝ちの判決である。こういった肩書きも何も無く身分がイーブンな場合は、主張が正しい者が有利なのである。

要するに裁判官は、肩書きや身分でしか物を判断出来ない、単細胞な脳の持ち主なのである。

裁判官は威張り散らし書記官や職員に丸投げするので、皆に嫌われている

裁判所の書記官は書記官試験というのに通っている人間がなるし、他の職員も裁判所に最高裁判所の定めるところにより各裁判所が認めた者と規定されている。裁判官に比べて下だとか見劣りする人達でもなんでもない。

ところが現実にはどうか、筆者がお客様に付き添って家庭裁判所に調停に訪れた際に、筆者も調停所に入れてもらったのだが、そこには女の裁判官と書記官がいた。この女の裁判官は筆者が法の判断を間違えているのではないかと思い質問すると「私は三十三年裁判官をやっているのだから間違う訳ない」と言い切った。この裁判官は勝ち誇ったようにヘラヘラ笑ったので、筆者が何を笑ってんだと言ってやると、書記官は、またこの裁判官は、いつもの悪いくせと言わんばかり「あーあ」という表情になり、ため息をついていた。

話が横道に逸れてしまったが問題はその後である。この裁判官は書記官に「この書類処理しといて」と言って放り投げるように書記官に書類を渡した。これはどう見ても自分が

上で書記官が下だという言動、態度でしかない。

また筆者が地方裁判所に訴えた件で、書類の書式がわからないことがあって、裁判所に電話すると書記官が対応して、「本来ならそういったことは裁判官が判断するのだが、私の指示に従って下さい」などとやり取りしたことがあった。つまり裁判官の職務放棄である。決して書記官が越権行為をした訳ではない。このやり取りの後書記官は、裁判官がやろうとしないのでというようなことを言っていた。他にも裁判所の職員に質問したところ、それはあれが決めることだからと言った後で裁判官が決めることだと言い直したこともあった。あれなんて物言いは嫌っていなければ出てこない台詞だ。

このように裁判官は、勝手に自分が他の裁判職員より自分が上だと思い込み、傍若無人な振る舞いをし、結果皆から忌み嫌われているのである。

裁判官は政治家に脅されると弱い

筆者が行政書士会に対して訴えた件は、第三審つまり最高裁判所までもつれこんだ。そして一審、二審の裁判所というか裁判官の対応、判決を考えると、このままでは最高裁でも同じことの繰り返しになり、相手方が認容されてしまうと思ったので、政界に精通している知人にこの一件について話し、なんとかしてくれないかと頼み込んだ。知人は協力を約束してくれた。

この知人は具体的に誰にどういう風に頼んだかは一切教えてくれなかったが、政界に通じている人物なので、政治家にはたらきかけたことは容易にわかった。

そしてその結果は割合と早く出た。最高裁で過去の裁判記録の閲覧がしたかったので、許可を得る為に電話をすると、何度か電話した経験では、まるでロボットか何かように、血の通っていない抑揚が全くない口調で対応する職員が、「この前閲覧したばっかりじゃないですか」と怒鳴り声を上げげた。その後も何言か言葉をやり取りしたが、口調は上ずり、息も絶え絶えで明らかに何かに怯え、狼狽していた。知人の要請で政治家にそうとうガンガンやられたのだと確信出来た。

これは筆者にとって有利に事が運んだ例だが、行政書士会の政治連盟が政治家を使って裁判官にプレッシャーをかけ、結果行政書士会側の主張を認めてしまうなどということもあり政治家利用は諸刃の剣である。

いずれにせよ裁判官は、政治家のように強行に何かを仕掛けてくるような人間に対しては、小鳥のように弱い者達なのである。

裁判官は弁護士のグルである

筆者が行政書士会を訴えた件は、最高裁で棄却され、納得がいかなかったので、再審請求した。

勿論再審請求が簡単に審理がスタートしないという知識はあったので、政治家通の知人に応援をお願いし、ある国会議員の事務所に知人と訪れ、何かしてもらえないかお願いに行った。

対応したのは、議員の秘書であった。その秘書が言うには、裁判官と弁護士は司法修習生時代同級生だったりすることがよくあり、そうでなくてもお互い顔見知りでツーカーの仲である場合が多い。そうであれば、弁護士から、「ちょっと俺に有利な判決書いてくれよ」と言われれば、裁判官は、「よしわかったよ」とまあこんなものだよと話していた。

確かに言われてみれば法曹界などというのは、猫の額のように狭い世界だというのは、筆者も知っていることであった。

そういえば、高等裁判所の裁判官の相手方弁護士に対する馴れ馴れしい口調は、とても初対面と思えなかったし、散々行政書士会側のことを小馬鹿にした態度だったにも拘わらず、判決は行政書士会側の主張を認容した件などは、まさしく裁判官と弁護士のツーカーの件による、友情、温情判決だった可能性は高い確率で考えられる。

裁判官とは、どちらが正しいかで判決するのではなく、情で判決を下すという、法も秩序も無い、生き物なのである。

実は裁判官は、下へ下がる程優秀であり上に行くほど駄目である

皆さんの中には、最高裁判所の裁判官が一番優秀で簡易裁判所や家庭裁判所の裁判官は、それに比べればまるで大したことないという端的に言えば、上の裁判所にいくほど優秀であるというイメージをお持ちの方が多いのではないかと思う。

こう思うのは、当たり前のことである。もし地方裁判所に訴えを起こし、または起こされた場合その結果不服であれば、高等裁判所に控訴またこの結果に不服であれば最高裁に上告となるのであり、上に行く程事は厄介になり、最高裁判所は最終判断をする訳だから、そう考えるのは自然だ。

しかし真実は逆なのである。最下級審の簡易裁判所は、筆者は何度も経験しているが、地方裁判所や高等裁判所に申請してもまず認められない証人尋問を認めてくれているし、一番長く口頭弁論の時間も取ってくれる。単に親切というだけでなく、審理の仕方も理詰めで、判決や調停の結果も法にのっとったうえで、一般的常識に照らし合わせたものであ

る。こういったことが出来るのは優秀な証拠である。

そして次の階級であるとみなされる地方裁判所の裁判官は、確かにとんでもないのもいるが、筆者の母が人に金を貸して戻ってこないので、訴状を代書したことがあるが、その裁判で訴えられた被告の男がさもさもなことを言っても担当の裁判官は取り合わず、母の主張が認容された件があった。人を見る目、真実を見抜く眼力《がんりき》のある者もいるのである。

更に上級の高等裁判所の裁判官は、判決文の内容も意味不明というように、かなり質が落ちる。

そして最上位の裁判官の判決文は、棄却したとすると理由すら書かないというか書けない。最悪である。

つまり裁判官の能力は上とみなされる裁判所の裁判官ほど駄目で、尻すぼみなのである。

裁判所は困った時の駆け込み寺でも最後の砦でもない

裁判所は関係者の住所を調べる術《すべ》がない。

筆者が行政書士になりたてのころ、もう十年以上前の話になるが、母が金を貸した男がまるで返してこないので、裁判所に訴えることにした。訴状は筆者が書式を教える本を見て簡単に作成出来たが、この男の現住所がわからない。以前の住所を伝えれば、裁判所なら簡単に現住所を突き止めることが出来ると思っていた。ところが裁判所に問い合わせてみると、調べる術が無いので、事分達で調べてくれとの答えだった。仕方が無いので、なんとかその男の現住所を調べ上げて訴状を提出したが、裁判所は無力なものだと思った。

またお客様の依頼で、やはり金を貸した男が返さないということがあり、内容証明書を作成し郵送したことがあったが、それでもその男が知らぬ存ぜぬなしのつぶてなので、お客様は、訴訟を起こしたのだが、訴状を受け取り拒否してしまった。たまたまそのお客様はその男の勤め先の住所を知っていたので、そこに訴状を送ったところ、受け取ったので、事無きを得たが、もしお客様が勤務先を知らなければ、アウトだった。裁判所は、裁判当事者の勤務先を調べる術も無いのだ。

もし皆さんが誰かを訴えたくなった場合は、相手の現住所や勤務先がわからなくてはいけない。裁判所は何も調べることが出来ないからである。

裁判所は平気で法律違反をさせる

前述した通り母の裁判では、相手の男の住所がわからなく、裁判所は住所を調べる能力が無く筆者が現住所を突き止めたことは述べた。

ではどうやって調べ上げたかというと、裁判所に問い合わせ現住所を調べようがないとの答えだったので、「私は行政書士なので職務上請求書を使って調べることが出来るかもしれないがそれで良いのか」と質問すると是非そうしてくれとの答えだった。

筆者はまだ行政書士になりたてで、職務上請求の規則、住民基本台帳法についてもそれほど詳しく知らなかったが、なんとなくマズいのではないかとは思った。

それでも裁判所が大丈夫と太鼓判を押したのだからと思い、職務上請求書を使い旧住所からたどって現住所を突き止め訴状に記載し受理されたのだが、後で調べてみるとやはりこの行為は違反であった。

もし相手方の男が法律、規則に詳しいか、まめに調べるような人間で、現住所を調べたことは違反だと反論されたら、面倒なことになるところだった。幸いにしてそういうタイプではなかったので良かったが裁判所というのは、随分いい加減なものだと思った。

皆さんは、裁判所といえば、法律や規則に精通しているとイメージされているかも知れないが、実際は法律的知識などほとんど無い者が職員として勤務しているのである。

裁判所職員の呆れる実情

筆者が行政書士会を訴えた件で高等裁判所に控訴しようと地方裁判所に控訴状を提出に行った際というと控訴するのは高等裁判所なのだから高等裁判所に控訴状を提出するのではとお思いの方もいらっしゃると思うが、筆者もそう思っていた。しかし控訴状は、第一審を裁いた地方裁判所に提出する決まりなのである。そして提出窓口の奥で職員が何かざわついていたので聞く耳を立ててみると、女のかん高い声で「こんなかったるい理由書読むのやんなっちゃうわ」だとか「こんな仕事やってて悲しくなっちゃうわ」だとか言っているのが聞こえ、それに対して「イェーイ」だとか歓声が上がり、拍手する音が聞こえてきた。控訴の理由書を書き写す作業をこんな宴会のようなノリでやっていたのだ。

また成年後見のパンフレットをもらいに家庭裁判所に出向いた際、パンフレットをもらいたいと職員に伝えたら、そんな物は無いと言ったので仕方なく帰ろうとして、ふと机を見るとパンフレットが置いてあったので、「これじゃないですか」と言うと「ああそれです」と宣った。パンフレットが何種類もある訳でもないのに何も把握しないで仕事しているのだ。

また簡易裁判所に行った際に、職員を呼んでも気付かないので、大声で呼んだらやっと気付いた上に大して難しくもない、ただ書類を渡すだけなのに異常に時間がかかったりと裁判所はどこに行ってもいつもこんな調子だ。

裁判所に行った方ならご存知のことと思うが、まるで時が止まったように感じるものだ。そんな環境にいたら、頭も回転しなくなり、世間の常識からもかけ離れていくのもわからなくはないが、裁判所の職員といえば、高給取りなのだから、ちゃんと真面目に仕事をしろと言いたい。

控訴しても判決が覆《くつがえ》ることはない

地方裁判で行われた裁判の判決を不服として高等裁判所に控訴しても覆えることはない。そう言うと、テレビや新聞の裁判の報道で、第一審の判決を覆す逆転判決がしょっ中あるではないかと言われそうだが、あれは世間で注目を集めた社会問題でマスコミも追っかけている裁判なので、特別でレアケースと言える。

名も無く誰にも注目されない通常の控訴はと言うと、まず控訴状を提出してから、控訴理由書と何か他に提出書類を出してから、大分日時がたってから控訴審に呼び出され、第一回口頭弁論に行くことになるのだが、通常この一回しか公判はやらない。そして判決となるのだが、その判決は、筆者が控訴審の口頭弁論に出向いた際に丁度何十件もある判決を読み上げているところにでくわしたのだが、何十件もある控訴は全て棄却、つまり控訴しても誰も認められなかったのである。

控訴審という制度があるので仕方なく一応やっているだけに過ぎないのである。

最高裁判所への上告などもっと酷いものだ。取り扱うのは、ごく一部の社会問題化しマスコミも取り上げたものだけで、通常は裁判前棄却という制度があるので、裁判すら開かれずに門前払いを食らう。

もし皆さんの中で、もし裁判をやることになって結果が不服であれば、控訴すれば良いとお考えの方がいらっしゃったら、これが現実なんだと是非覚えていただきたい。

裁判所は上に行くほどチェックが甘い

裁判書の書式や書類チェックは最上級裁判所が一番厳格で、下級審の簡易裁判所や家庭裁判所が一番緩《ゆる》くアバウトだろうとお考えの方は結構いらっしゃるのではないかと思う。

現実は逆で一番厳格なのは、簡易裁判所である。訴状であれ支払督促状であれ、裁判所所定の用紙を使用するか、若しくはそれと同じ物を作成しなければならない。そして、その内容も一字一句職員がチェックし、ちょっとでも間違っていれば、訂正を求められる。まず訂正しなくても良いというケースは無い為まずは鉛筆で書き込み、職員がこれで良いと言ってはじめて鉛筆書きの上をボールペンでなぞるという流れになる。

難易度が次に高いのは、地方裁判所だ。簡易裁判所と違って一字一句のチェックは無いが、重要なポイントの文言のチェックはあり、間違っていればダメ出しを食らうし、書類の綴《と》じ方の決まりもある。

続いての難易度の高さは、高等裁判所だ。控訴状その他の提出書類は裁判所用と相手方用の二枚ずつが必要だが、同じ物かどうか、職員が、ざっと目視して、同じとみなせば、チェック終了である。

一番緩いのが、最高裁判所だ。書類を出すと何もチェックせずに職員が一言「お預かりします」これで提出終了だ。

意外かもしれないが、これが書類、書式に関する現実だ。しかし何か意外な感じがするという方が多いとは思うが、裁判所の性質上当たり前のことだと思う。

裁判所のチェックは甘い

数か月だったと思うが、裁判所で、被告が加害者だったか原告が加害者だったか忘れたが裁判所内で、ナイフによる傷害事件が裁判当事者間で発生した事件については、記憶に新しい方も多いと思うが、裁判所においての刃傷沙汰は滅多に無いので、裁判所という場所柄セキュリティチェックは相当厳重だと思ってらっしゃる方は多いだろう。

ところがそうでも無いのである。まず簡易裁判所、家庭裁判所にはボディチェック等セキュリティチェックは一切無い。比較的軽微な事件を扱うからだろうとお考えの方もいるだろうが、特に家庭裁判所の場合、離婚調停等人間関係がドロドロと泥沼化している件も扱うので、怨恨による事件も起きかねないのに、正直こんなでいいのかと思う。

地方裁判所、高等裁判所については、金属探知器による、ボディチェックがあり、引っかかれば、手荷物検査になり、刃物が見つかれば、勿論没収だが、私の知り合いの女性の付き添いで、地裁に行った際その女性はカバンの中に銅製の水子供養像を入れていた為、金属探知器のチェックに引っかかったが、手荷物検査になり、ブザーが鳴った原因は、この銅像だとわかると没収されることはなく、そのまま入所したが、刃物でなくても、硬質な銅像のような金属の塊はその気になれば、充分凶器になるのになあと思ったものである。最高裁判所は、警備員による入所者の、体を触ってのボディチェックはあるが、カバン等持ち物チェックは一切無い。

このようにどの裁判所も、必ずチェックの抜け穴がある。皆さんも、もし訴訟沙汰になった場合は、相手が凶器で襲ってくるケースもある訳だから、くれぐれもご注意申し上げておきます。

裁判所は破産宣告や成年後見の仕事を、売れない弁護士に横流ししている

私の知人が多重債務者になり破産宣告をして借金をチャラにしたいので手伝ってほしいとのことだったので、手伝うことにした。

破産宣告に関する本を読むと、別に弁護士や司法書士でなく本人申立てが可能のようだったので早速書類作りに取りかかった。

何せ膨大《ぼうだい》な量の書類作りが必要な為大変な作業だったが一つ一つクリアしていった。

そしてどうしても書類の作り方がわからないものがあったので、やり方を聞く為知り合いの司法書士に電話すると、「悪いことは言わないから、破産申立ては、弁護士か司法書士に頼んだ方が良い」と言われたが、この時は意味がわからず、そういうことを言って自分に仕事を回せという意味なんだろうと思っていた。何度か書類チェックの為裁判所に出向き、いよいよ最終チェックの為裁判所に出向いた時、司法書士が電話で言った意味を知

ることとなった。裁判所の担当者と面会して部屋から出てきた知人が開口一番「破産宣告したいのなら、弁護士に頼みなさい」と言われたのだと言う。信じられない台詞だった。弁護士に依頼することが必須条件だなんて、どの本にも書いてなかったし、何回か出向いた際に対応した裁判所職員も言わなかったし、知人の司法書士だって弁護士に頼んだほうがいいとは言っても必須条件とまでは言わなかったからだ。

最近成年後見制度に申請を出すと、家族が後見人を希望したにも拘わらず、裁判所が選任したのは、一面識も無い弁護士で、選任された弁護士が被成年後見人の財産をくすねる等問題になっているとの報道をよく見聞きする。

破産申立てにせよ成年後見にせよ何故裁判所は、弁護士を強引に勧めたがるのかと疑問だった筆者は、このような問題に詳しい然るべき人間に尋ねたところ答えは、最近弁護士は飽和状態で人によっては全く仕事が無いので、裁判所はそんな人間を救済する為に、弁護士が必須だと言ってみたり、当事者の意思に反してでも選任したりするのだということだ。全く歪んだ愛情のなせる業《わざ》による産物だったのだ。

裁判に勝っても、裁判所は、賠償金を相手から取ってくれない

民事裁判において、裁判に勝訴し、認容された場合は、結局負けた方が賠償金を支払うということで決着することがほとんどである。そしてその金は、裁判に勝った場合は、放っておいても裁判所が相手方の金の有り処を見つけ強制的に支払わせるのだろうとこれは、多くの方がそう思っているのではないかと思う。現に筆者も裁判を実際にやってみるまではそう思っていた。

筆者の母が金を貸した男が返済してこないので、筆者が訴状を書く手伝いをした裁判は、母の訴えが認められ、勝訴した。

そこで早速いつ頃賠償金が手に入るのだろうということを裁判所に問い合わせると、裁判所には財産のあり処を見つけることは出来ない、賠償金支払い義務のある敗訴した者が供託所に金を入れるか、さもなければ、勝訴して賠償金をもらえる権利のある者が敗訴して支払い義務のある者の財産を自分で探し見つけて差し押さえるしかないと言われたので、

何を差し押さえたら良いのかと聞いたところ差し押さえるのには四種類あって不動産を差し押さえる不動産差押え、所有している車を差し押さえる方法、銀行口座を差し押さえる方法、自宅にある価値のある物や金銭を差し押さえる動産差押えがあると言われた。

そこでこの支払い義務のある男が土地、建物など一切所有していないのはよく知っていた為まずは銀行口座を差押えてみることにした。とは言うもののどこの銀行の支店に口座があるのか皆目わからない。そこでひょっとしてゆうちょ銀行なら本店や支店の口座というふうになっていないので、差し押さえられるのではないかと思い、裁判所にその旨問い合わせると本店の所在地を書類に記載すれば、差押え可能との答えだったので、早速ネットでゆうちょ銀行の所在地を調べ、書類に記載し、差押えを待ったが、差し押さえられなかったという通知が来たので、この男が口座を持っていそうな銀行と支店に狙いを定めて差押えを試みたが、そこに口座が無いかあっても賠償額に足りる程預金がない為かどちらかわからないが差押えに失敗し、今度は車を差し押さえようと思ったので、どうすれば良いのか裁判所に問い合わせると車の差押え宣言は、所有者名と車種とナンバーがわかれば裁判所で出来るが、レッカー車の手配と差し押さえた車が売れるまでの車庫の確保は、差押え権者であるこちらでし、費用は自腹だと言われた。とりあえず、現在持っている車の確認とついでに動産差押えをする場合にどんな財産があるのか下見の為この男の住んでいるアパートに向かった。行ってみると、あっさりアパートのドアを開けた男は、アパートの前にある駐車場にある自らが所有する車を指さしたので、近くに行きナンバーを控えた。車種と年代を聞き、アパートの中に入り差し押さえられそうな財産を探したが、到底いわゆる金目の物は無かった。そしてその車の売却した際の金額を、自動車整備工場を経営している知り合いに尋ねると、その車には、売った際に支払われる金はほとんど無く、レッカー車の手配と駐車場代で足が出てしまうとのことだった。結局車の差押えも動産の差押えも断念して、折角裁判に勝訴して、賠償金をもらえる権利を手にしたのにも拘わらず一銭も手にすることは出来なかった。

私の知人にもお客様にも折角裁判に勝訴して賠償金をもらえる権利を得たにも拘わらず、敗訴して支払いの義務のある相手に財産がないか若しくはあっても何処にあるかわからない為何にもならなかったという人は幾らでもいる。

皆さんの中でもし裁判をお考えの方がいらっしゃったら、裁判所は財産のありかを調べる能力は無い、財産の無い者からは何も取れないということは是非頭に入れてもらいたい。

行政書士の実情

筆者の元業務である、行政書士について簡単に述べてみよう

まず行政書士試験についてだが、平成三十年度の合格率は12・7％。ほぼ十年間10％前後で特に変化はない。割とよくこの試験は結構難しいんじゃないですかと聞かれるが、全然そんなことは無い。10％前後というとほぼ十人に一人が合格となる計算になるが、半分の受験生は、いわゆる冷やかしで、何も勉強していない状態で受験していて本気で受験しているのは約半数なので、実質は五人に一人が合格しているとみていいだろう。そして難易度だが、行政書士試験用の学校や通信講座の教える通りに勉強していれば、そんなに難しくない。厄介なのが、特に資格の学校に通うと、法科大学院や大学法学部の学生、ＯＢが結構多くいて、やたらと小難しい論議をし、それに巻きこまれて、本筋の試験内容でないことを覚えようとしたり、またいたずらに試験が難しいと扇る輩もいて、試験に対する自信を失ってしまう人もいるから要注意である。試験に合格する為には、外野に振り回されずに淡々と試験に必要な知識だけ覚え込んでいくことが肝要といえる。

話題はかわるが皆さんも、行政書士事務所と偉そうに看板を掲げているのを見たことがあるのではないかと思うが、ただ看板を掲げていたって、お客様がそれを見て依頼に入ってくることは、まずない。またホームページで大宣伝している者もいるが、これをやっている者は多数いるので、これも余り効果はない。つまりほとんどの行政書士は回っておらず、この業務一本で食べられている人間は少ない。

また行政書士というと飲食業、建設業等の開業届けの書類作成業務を思い浮かべる方もいると思うが、この世知がらい世の中、開業は少なく廃業の書類作成等のサポート業務が多く、また本気で行政書士業で食べていきたいなら、債権回収やトラブルに関しての解決サポート等人の嫌がる業務やもっと踏み込めばグレーゾーン時にはブラックゾーンの業務を引き受ける覚悟がなければ、到底回していけないのが現状である。

裁判員制度について

裁判員選考の実態

皆さんはニュース番組や何かで裁判員裁判の裁判員のインタビューを見たことがあるだろう。

そしてその裁判員の中に例えば、高齢者、ホステス等の水商売の人、ニートや引きこもりのような人、芸能人などいわゆる著名人、または筆者のように「私も裁判を現在または過去にやった、やってます」と答えている人などは見た試しはないだろう。

表向きは、市民から無作為に選考していることになっているが、これらの人は最初から除外しているのだ。

そうやって選考した中から、裁判所にやって来た人の中から、また更にふるいにかけて正式に裁判員を決定するときの基準は、裁判官の言う通りになりそうな従順そうな人ということが真相である。

裁判員制度創設の根本精神は、一般市民の多様な意見を裁判に反映させる為の筈だが、選考の真相がこれでは、多様どころか、実質制度の名を冠した、旧来の裁判でしかない。

裁判員制度への提言

前述したように裁判員制度は実質形がい化していて、選考された人の中には、当日仕事の都合や体調不良で裁判に出席出来ない人も多く、また出席人の中にも、残虐な証拠写真やフィルムを見せられて、精神に変調をきたす人がいたり、守秘義務に苦しむ人もいるのだから、いっそのことやめてしまうのが、一番よいと思う。

もしどうしても制度を存続させたいのなら、本職の裁判官でも裁くのに手に余るような殺人や重罪などを素人が裁くなどというのは、不可能な話なので、軽微な犯罪の刑事裁判やマスコミで取り上げられるような社会問題化していない民事裁判を裁判員に裁かせるようにし、裁判員希望者の中から選考すればよいと思う。希望者の中から選考となると、当然前述したような現在実質選考を避けている層の人々も名乗りを上げてくるだろうが、多様な民意を反映する為には、種々雑多の層の人の意見を反映させるのは、当然であり、主張の強い人同士でケンケンガクガクな議論がたたかわれるのも致し方ない。そして守秘義務は徹廃すべきだ。筆者も行政書士なので守秘義務の苦しさを知っているし、むしろ裁判員をやった人が、裁判はやってみたらこうだったよと色々な人に話すほうがよっぽど裁判員制度の宣伝になり普及につながるだろう。

以上筆者なりの裁判員制度についての提言をまとめてみたが、皆さんはどう思われるでしょうか。

法律に携わる業界、及び役所について

司法書士について

司法書士と行政書士とを混同している人は多い。そして筆者などはよく「司法書士さん」なんて間違われることが多いので、それだけ司法書士のほうがメジャーなのだろう。

話は脱線するが、行政書士は元々「代書屋さん」と一般的には呼ばれ、ある程度年齢のいった方ならご存知かと思うが、昔警察署や運転免許試験場の周りで、免許書き換えの書類承りますと看板を掲げ盛んに客引きをしていたあれである。実際利用した方もいらっしゃるのではないかと思う。筆者もよく「行政書士って何ですか」と聞かれることが多いので、この代書屋の話をすると大抵の人は納得してくれる。

話を元に戻すとまず司法書士の試験についてだが、司法試験や行政書士試験と違い、業務に即生かせる、業務上の書式についての問題を出すという特徴がある。業務に直結しているというのは合理的と言える。

また業務内容は、会社、土地建物の登記、債務整理、裁判訴状の作成が主である。

そしてこの業界も飽和状態である。それを証拠に、雑居ビルの司法書士事務所を覗くと、暇そうに司法書士がぽつんと座っているのを見かけた人もいるだろう。

最近司法書士は過払い金請求の業務が流行のようだが、改正貸金業施行後は、貸金業者も利息については気を付けているので、これからはこの業務は頭打ちになりやがては消滅するだろう。

司法書士は、簡易裁判所においては、弁護士同様、法定代理即ち、依頼者の代理で法廷に立ち弁護が出来るのだ。ところがこれをやる司法書士は少ない。簡易裁判所の法定代理というときに債権回収が多いので、債権回収イコール借金取立てとイメージが悪いと思い、やりたがらないだろうが、競合する人間が少ない上に需要はあるのだから、手掛けるチャンスである。

間抜けな司法書士

負債がたまったので、自己破産をしようと思い、知人の紹介で、ある司法書士を紹介してもらった。そして督促状を渡しても全然見ようとしない、ゆっくりやるからとふざけたことを言う仕末だった。

そうこうしているうちにお袋が亡くなった。お袋は負債の山だったので、相続放棄しようとして、例の司法書士に頼んだが、何もしようとしない。挙げ句の果てには、対応出来ないという仕末。要するにこの間抜けな司法書士は何の知識もないし、能力がないんだな。

これじゃあどうやって何の仕事をしているのか疑問に思ってしまうが、仕事らしい仕事は何にもしていないのだろう。恐らく家が裕福か何かで、パラサイトでもやっているのだろう。

この司法書士は中でも最悪レベルな輩だが、司法書士なんて所詮皆そんなもの。こんな司法書士に依頼するなんて、お金をドブに捨てるようなもんだ。

社会保険労務士について

社会保険労務士と聞いてピンと来ない人でも社労士と言えば、わかる人は多いだろう。実はこの社労士は、割合最近に作られた資格で以前は、行政書士の業務に含まれていた。だから行政書士に古くなった者は、社労士の資格がなくても、業務を行うことが出来るのである。

社労士の業務の主たるものは、各種年金の書類作成及び提出代行、各種保険の書類作成及び提出代行、労働問題の書類作成、提出代行である。

社労士事務所に勤める知合いに言わせると社労士の仕事は計算ばっかりでつまらないと

言うが、確かにそうだろうと思う。余程の数字好きでもない限り、一日電卓片手に数字と睨《にら》めっ子では面白い筈がない。

それはさておき、まだまだこの資格の認知度は低いが、年金、保険、労働問題の潜在的ニーズは高い筈だから、宣伝次第では、発展していく可能性の高い業種といえるだろう。

税理士について

税理士といえば弁護士と並ぶ士業では二大メジャーな業種なので、まず知らない人はいないだろう。そして中には当然ながら質の悪い者もいる

筆者が飲食店を経営していた時分に、店の税について扱ってもらう税理士を探していたところ家の近くに女性税理士の事務所兼自宅があったので、依頼しようと訪ねると、自分は仕事が手いっぱいで引き受けられないから、知合いの税理士を紹介するとのことだったので、お願いすると、やってきたのは、時代劇の悪代官のような顔をした税理士だった。まあ風体通りと言うかはわからないが、月一で店の帳簿を見せることになったのだが、偉そうに上から目線で経営についてダメ出しをしてきたので、その度筆者もキレて怒鳴ったのだが、何度怒鳴っても、一向に態度をかえない。しまいには堪忍袋の緒が切れて、この悪代官税理士をクビにした。この御仁は幾ら怒鳴っても態度を改めてないのは、今流の言

葉で言えばコミュ障なのだろう。

話題はかわるが、悪徳弁護士という言葉はあっても悪徳税理士という言葉はないようだが実際悪徳税理士は存在する。

会社の税金逃れの片棒を担ぐなんていうのは可愛いもので、中には詐欺集団に名義貸しする輩までいるのだ。詐欺集団はうちには、ちゃんと税理士の先生が顧問なので安心ですよと言って欺すわけだ。

これは悪徳ではないが、最近高齢化社会なので、どうしても相続という問題に多く人は直面してしまう。相続と言えば当然相続税はつき物だが、どの税理士でもきちんと処理出来る訳ではない。何故なら税理士の中には、税務署に長年勤め税理士試験を受けずに、自動的に税理士資格をもらい、税理士事務所を開いている者もいる。この者がたまたま税務署時代に相続税の担当部署にいたのなら大丈夫だが、そうでない場合は何も相続税についてで知らない場合がある。こういった税理士の経歴を知らないで相続税の依頼をし、税理士さんに頼んだのだから大丈夫だと思っていると、忘れた頃に追徴金督促状が届いたり、税務調査がやって来て慌てふためくということが、実際にある。そうならない為には、相続の依頼をする前に必ず税理士の経歴をネット、口コミの評判、税理士本人に尋ねる等入念な下調べが必要である。

警察について

警察の取調べと言うとテレビドラマでおなじみの拷問じみた取調べを思い浮かべる人もいるだろう。しかしあれはドラマを盛り上げる為の演出であって、もしあれに近い取調べが実際あったとすれば昔のことである。

筆者が弁護士の欄で、酒に酔って暴力を振るい警察に捕まってしまったことは述べたが、その時の取調べは、まず言いたくないことは言わなくても良いという黙秘権についてレクチャーを受け、取調べ調書のマニュアルに従って淡々と進んでいく。結構難しい用語の取調べ項目もあるから、意味がわからなければ、わからないから教えて下さいと言えば教えてくれる。そして一通り取調べが終了すると、供述内容を印刷した紙を渡されて、内容に間違いが無ければ、署名、なつ印だが、警察の取調べに印鑑を持っている人は余りいないから、印鑑が無い場合は指印で大丈夫だ。これがざっとした一連の流れになる。そして最近では、最後にＤＮＡ検査をする。要するに迷宮入りしそうな大犯罪の犯人とＤＮＡと一致するか調べる為なのだから、何も心配はいらない。因みに刑事ドラマでよくある、取調べ中に刑事がかつ丼をおごってくれたり、煙草を一服つけろとくれることは無い。

まあ警察といえども役所なのは確かなのだから、お役所仕事の部分は多分にあるということだ。

検察について

検察というと、やはりテレビドラマの刑事ものの裁判法廷の場合で、容疑者を冷酷無比に追い詰める、あるいは最近のゴーン事件の強引な捜査等で余り良いイメージを持っていない人が多いのではないかと思う。

また筆者の体験談になってしまうが、酒に酔った暴行沙汰で、警察の取調べが終わった後、裁判所の判断を仰ぎ、検察の取調べを受けることになった。検察には留置されている警察署から護送車に乗って行く。地域一帯の警察署を一通り回り人を乗せて行くのだから、結構時間がかかる。検察庁に着くのは昼頃になる。昼だから当然昼食が出る。昼食の時間が終わると一人一人順番に検察官の取調べになる。待っている間は皆小難しい顔をしている。まあ当然と言えば当然だ。この取調べ如何《いかん》で今後の身の振り方が決まる訳だからだ。順番が来て取調べ室に入ると女性の検察官だった。取調べ内容は、ほぼ警察と同じで、やや突っ込んだ内容というだけだった。女性ということもあったのかも知れないが、冷酷無比という感は全く無く、淡々と穏やかに取調べは進み終了した。

筆者の経験はざっとこんな感じだが、大事件の容疑者は知らないが、概ね筆者の経験と同じ筈だ。何故なら筆者と同じ護送車に乗って検察庁に来た者が、取調べが終わり帰るときに皆なんだこんなものか、ほっとしたという安どの表情だったからだ。やはり検察もお役所仕事という部分もあり、現実はドラマとは違うということだろう。

国及び市町村の役所について

国の役所いわゆる国の省庁の役人について天下りや汚職ということもあって余り良いイメージをお持ちでない方が多いのではないかと思い、反面市町村の役人については、身近にあり、皆何かの用で行ったことがあるので、そこで特別嫌な思いをした経験がある人を除いては特別悪いイメージをお持ちではないだろうと思う。

国の役所まあ正式には官公庁だが、実際に行ってみると、中にはイメージ通りというか横柄な人間もいないことは無いが、大多数は親切だった。こんなに大勢人がいる必要があるのかなとは正直思うが。そして市町村の役所はどうかと言うと、別に国の役所と同じで、ごく一部を除けば、皆親切である。ただ国にしても都道府県にしても、市町村にしても、窓口に行って用事をしたり、何か質問に行くぶんには、問題ないが、筆者のように業務で、何か特別な許認可を受ける為に何度も足を運んだり、電話連絡しなければいけない者にとっては、担当者がしょっ中、休暇を取っているのは、ちょっと困ることではある。

公証役場について

公証役場は、皆さん余り馴染みの無い役場ではないかと思う。

公証役場の主たる業務は、公正証書遺言の作成と会社定款の認証業務である。役人の多くは裁判所及び法務省の役人職員の天下りであり、役場でありながら、お客様からいただいた報酬は全部役人の実入りになる。その上そんなに沢山ある訳でなく、報酬単価も高いので、はっきり言ってぼろ儲けである。

そんな恵まれた身分が災いしているのか、態度が大変悪い者が多い。筆者のお客様で耳の不自由な方の遺言作成について、質問に行った役場の役人は「その人××なの」など平気で差別用語を使ったし、別のお客様が公正証書遺言を希望なさった時は、どこの公証役場に電話で問い合わせしても態度の悪いことこの上ない。電話対応するのは、役人ではなく、事務員だが、ボスの態度が悪く、また教育もしていないんだろうから、自然に事務員まで態度が悪いのだろう。結局このお客様にこの公正役場の実情をお話ししたところ、そんなだったら、自分で自筆遺言を書くとおっしゃって公正証書遺言を断念なさった。

どうしても公証役場を利用しなくなればいけなくなった場合は、他の役所と違って、どこの役場を選んでも良いので、ネットで役場の評判を見るか、一番良いのは直接電話してみるといい。ほとんどの役場の対応はよろしく無いが、たまに良いところもある。事務員の対応が良ければ、役人も良い人間だからである。

消防署について

消防署といえば、一一九番で火事の時は消防車、ケガや病気の時は救急車を呼ぶ所というのは子供でも知っていることだ。

筆者も急に気分が悪くなったり、ケガをした時救急車を呼んだことがあるが実際その手際の良さには感心する。

そこでこれは、法律を作る政治家に提言だが、救急隊員は基本的に医療行為をやってはいけないのなら、戦時中に戦地に赴く医者が不足した為に、学校の成績が優秀で手先の器用な学生に基本的な医療行為を教えて、医者として急造し戦地に赴くようにさせたのに準《なぞ》らえて、同様に基本的な医療行為が出来る者を養成し、準医師というような資格にでもし、その者を救急車に乗せ医療活動をさせたらどうかと思う。

また警察官も同様だが、消防職員は、文字通り人の命を預りしかも激務である訳だから、これらの役人が他の同じ役人と同じ報酬額ではおかしいので、もっと報酬を上げたほうが良いと思う。

報道によれば、消防署員になりたがる人が増えていると聞くので、離職されない為には、この提言はいかがかなと思う。

法律関係資格学校について

筆者は行政書士の資格を取る際に資格の学校に通った訳ではなく通信教育で資格を取った為資格を取る学校を直接体験している訳では無いが、行政書士仲間に資格の学校の講師をしている者がいるので、その者から資格の学校の内情は聞いている。

一番の問題点はモンスターペアレントの問題だろう。自分の子供が資格の学校に通っていて、資格試験に落ちてしまうと、学校のせいや講師のせいにして、直接学校に怒鳴り込んで来たり、電話でぎゃんぎゃん文句を言う親がいるそうだが、資格試験を受ける者の大半は、二十歳を過ぎた成人である。筆者は自己責任という言葉は好きではないが、やはりもし試験に落ちてしまうのは、勿論受験当日の体調や試験内容による当たり外れなど本人の力ではどうしようも無い部分があることは認めるがやはり自分の勉強の仕方にどこか欠点があったことは認めるべきではないかと思う。

そしてこれは学校側の問題だが、大抵の学校には通信教育が併設されているが、学校の広告宣伝では通信教育はまるで刺し身のつまのように小さく表記されているだけだ。それで通信教育では受からないものとあらぬ誤解をしている人がいるのも確かだ。しかし決してそんなことは無い、現に通信教育で資格を取っている筆者が受かるという良い証人だ。ネット全盛の時代でもある訳だから、もっと通信教育の広告宣伝のスタンスを大きくしてもらいたいものだ。

はっきり言って今法律関連の資格を取ったところで、食いっぱぐれの無い時代ではないが、それでも受験しようとする方がいたら一番注意してほしいのは、悪質な資格学校のことだ。筆者は通信教育で資格を取ったことは述べたが、最初に電話帳を見て一番大きく掲載されている学校の通信教育に申し込んだところ、教材はろくろく送られて来ない、添削はしないので、電話で苦情を言うと、ちょろっとだけ教材を送って来るという悪質業者だった。結局筆者は大手資格学校の通信教育にかえて事無きを得たが、通学する学校でも、授業をろくにやらないだとか、一番酷いのになると高額な授業料を先払いさせてドロンなんて所もあると資格の学校の講師をしている知人から聞いている。とに角ネットであれ、電話帳であれ、大々的に宣伝しているところほど要注意だと申し上げておく。

生活保護について

筆者も一時期生活に困窮してどうにもならなくなって生活保護を受給しようとしたことがある。ネット等で申請するにあたっての必要書類を調べ、全部揃えて、役所に受給申請に行ったのだが、申請は受理されたものの、審査の結果受給出来なかった。理由は同居の母がまあまあ多くの年金をもらっていたからだ。

筆者は非常に納得出来なかった。まず役所のホームページでもなんでも何処にも受給資格・要件が公表されていなかったことだ。次に家制度が形がい化されている時代に親や兄弟が助けるなどという概念は時代錯誤だということ、次に年金で生活出来るなどというのは、各家庭、または個人によってそれぞれ異なっていて、一律いくらあれば生活出来るなどというのはナンセンスだということ。話を何回もすり合わせて各個人、家庭の事情に合わせなければいけない筈だということ。そして筆者の住んでいる町の役所には生活保護申請の窓口がない為県が窓口となったが、それによって県の役人だから変に気位が高く、杓子《しゃくし》定規な審査になってしまったのではないかということだ。これはあながち筆者の邪推ではなかった。この生活保護の担当ではない県の職員から聞いた話では自治体によっては柔軟な対応をし受給に関し緩やかな所もあるとのことだった。

この一連の問題点は筆者の身に振りかかったことで、他にも多々生活保護の受給に関しては問題が山積みになっている。

やっと国に生活保護制度改革委員なるものが出来たので、筆者の経験した問題の改善は勿論のこと、様々な問題を全て含めて早急に改革すべきである。そして生活保護と合わせてベーシックインカムについても本気で議論すべき時期に来ていると思う。そして何より生活保護受給者は人の納めた税金で楽して暮らす悪者などという誤った認識を正すように国をはじめマスコミ等が世論をひっぱっていくことは喫緊の課題だと思う。

尊厳死についての提言

筆者は残念ながら見ることが出来なかったが、最近テレビで尊厳死した女性を特集して話題になっているそうだ。

尊厳死について筆者なりの意見を提言させていただきたいが、まず人間いや生物有史以来死ななかった者は皆無である。死というとすぐマイナスなイメージを持ちがちだが、どんな気の弱い者でも、怖がりな者でも、弱体な者でもこの死というハードルを越えられなかった者はいないのだから、そういう意味ではプラスに考えて良いのではないかと思う。逆に歴史上不老不死とやらを手に入れようとした者は数々いて現在もいるようだが、成功した者はいないので死というのは避けられないものでもあるといえる。

さて尊厳死だが、筆者は認めるべきだと思う。例えば管を体に付けてただ機械的に生きているだけの状態やテレビで特集された女性のようにどんどん体が機能しなくなっていくことを良しとしない人の考えは筆者はよく理解出来るつもりだし、またそういった考えの賛同者も幾らでもいるだろう。

日本には太く短くや美人薄命という短命を貴ぶ言葉や逆に憎まれっ子世にはばかると長命をさげすむ言葉があるようにどちらかと言えば短命を良しとする文化が主流だったのに、最近人生100年時代などとうがった見方をすれば、早逝する者は駄目な落伍者であり、どんな形であれ長寿を全うする者が偉いという文化に変化してきてしまったと思う。

そして筆者は病気やケガ等の痛みを取り除くペイン治療については、どんどん保険の適用出来る間口を広げ、研究にも費用を惜しむべきでは無いと思う。理由は単純に肉体の痛みというのは、筆者を含め万人にとって苦痛で嫌なものだからだ。

尊厳死については時間をかけて議論することは仕方ないと思うが、ペイン治療に関しては、早急に改革すべき問題だと思う。

死刑制度についての提言

死刑制度については長年議論されているのにいまだ明確な答えは出ていないが、筆者なりの意見を提言させていただきたい。

筆者は死刑制度は存続させるべきだと思う。ただし条件付きでである。

何故死刑制度を存続させるべきと言うかというと、死刑になる者は実情必ず殺人を犯しているので、そうなるとそこには必ず遺族がいるからだ。この遺族の殺人犯に対する憎悪《ぞうお》の感情を少しでも和《やわ》らがせる為には死刑制度は必要悪だと思う。

ただし死刑制度存続とともに終身刑という微罰も設けるべきであると思う。そして死刑判決は、死刑若しくは終身刑という風な制度にし、この判決を宣告された者は、死刑か終身刑を選択出来るようにすれば良いと思う。人によっては、どんなに辛かろうとみにくかろうと生きてさえいれば良いと考えるだろうし、人によっては長期間にわたって不自由な思いをするくらいならすぱっと死んでしまったほうがいいと考えるだろうし、その人間の価値感によって選択すれば良いと思う。そして先ほどの遺族感情も、憎《にっく》き殺人犯がもう生きてしゃばに出て来られないのであれば死刑同様の効果があるのではないかと思う。

２０１８年オウム真理教の教祖をはじめオウム事件の首謀者が大量に死刑執行されるという事実があった。筆者はオウムのしでかした事件を肯定するつもりはさらさらないが、あれは政権の失態がたび重なった為国民の目を逸らす為の目くらましだったというのが真相だ。そんな政権の都合の為に死刑制度を悪用するとは言語道断だ。それにえん罪を叫んでいる者の執行はやめるべきだ。執行を免れる為や先送りする為に叫んでいるとは限らず、本当に無実かもしれないからだ。

とに角政権が恣意的に執行を決定するのではなく、明確な死刑執行の時期等の基準を作成すべきだと思う。

刑事裁判と民事裁判は別物

刑事裁判と民事裁判が別物と言うと、そんなくらいわかってるだとか当たり前だろうという声が聞こえてきそうだが、一応まとめさせていただく。

刑事裁判は三審制で一審地方裁判所、二審高等裁判所三審最高裁判所、民事裁判の場合三審制というのは刑事裁判同様だが、一審が簡易裁判所若しくは家庭裁判所だった場合二審地方裁判所三審高等裁判所となる。

そして刑事裁判の場合起訴するのは検察で、被告には弁護士がつくことが必須である。だから国選弁護人という制度がある訳で、誰も弁護士をつけられない被告には、国が弁護人をつける訳である。一方民事裁判は、訴えを提起したい人が訴えを起こすので検察は関係無く、弁護士は必須でなく本人訴訟で構わない。よって国選弁護人という制度はない。

それからドラマでよくある丁々発止の裁判劇に近いことがあり得るとすれば刑事裁判で、民事裁判は淡々と機械的にしかも短時間で一回の公判は終了するのである。

こうやって比較対象すれば、誰が考えたって刑事裁判の方がハードだということがわかる。更にプラスすれば、刑事裁判は、被告の生命を奪う死刑や身体的拘束を余儀なくさせる懲役や有罪になれば被告には前科というものが付く訳だから、民事裁判より真剣味があるのは当然であり、民事裁判に携わる者は刑事裁判に携わる者に比べて一段落ちるということがよくわかるのだ。

裁判、弁護士に頼らないトラブルの解決法

筆者はこの本において裁判官、弁護士は頼りなく無能で無力で情けなく頼りにすべき存在ではないと述べてきた。

では自分で手に負えないトラブルに巻き込まれた場合誰を何を頼りにすれば良いんだと言われるのは当然のことであると思うので誰を何を頼りにすべきかを述べてみたいと思う。

まずは、家族や親せきに頼りになる人がいればその人に託すのも手である。その他近所に頼る人がいればその人、または行政に相談するのも手だろう。それから職場や学校やその他知人で頼りになる人がいれば勿論その人に託すのでも勿論良い。

他に金銭にからむ問題なら消費生活センター、ハラスメント等人権にかかわる問題なら人権擁護団体に助けを求めるという手もある。

それから余り知られていないが、便利屋、なんでも屋の中には、かなり難しい問題でも解決してくれるところもあるので、人づてに聞いて探すのも良し、ネットや電話帳で探すのも良いだろう。

以上ざっと列挙してみたが、ネットの発展していることもあり、人間関係も複雑化している昨今どんどん新種のトラブルも増えているが、筆者はトラブルを解決する新しい手段なり制度も出てくるのではないかと思う。そして筆者も含めて皆で新しいトラブルの解決手段を考えてみるのも必要ではないかと思う。

女系天皇について

何故か一般的には、それでいいと思われている女系天皇誕生について、自公は仲々法案を出さずにいるが、反対者の意見は前例が無いからと言っているらしいが、前例はあるのだ。江戸時代には女の天皇は存在したのだ。だから筆者は一日も早く皇室典範を改正して女系天皇を認めるべきだと思う。

憲法改正ともなれば、非常にハードルが高いが、皇室典範は一般的な法律だ。だから議員の賛成多数で可決する問題だ。

このままこの問題を放置すると現天皇にもしものことがあるか、平成天皇のように生きているうちに天皇の座をお譲りになるとなると大変な事になる。何故なら現法律で天皇承継第一順位は秋篠宮第二番目は、悠仁となってしまう。このことが実現したら、目に余る惨状である。まず秋篠宮だが、立法、行政に口をはさんで来そうだし、悠仁も悠仁だ。こんな連中に天皇をやらせたいのかと反対者には言いたい。

その点愛子様は大変聡明な方と聞いているので御公務をきちんとなさるであろう。

とに角一日でも早く女性天皇を誕生させるべきである。

元首相安倍晋三暗殺について

元首相安倍晋三が射殺されたというニュースが飛び込んできたとき筆者は驚きも何にもしなかった。むしろ今までよく無事だったと思った。

死者にムチ打つようだが、まず桜を見る会の大失態、アベノミクスの失敗、モリカケ問題では役人が自殺している。

それに一番大きな罪は憲法を改悪して自衛隊を軍隊と銘記し、日本を戦争が出来る国にしようとしたことである。

容疑者が何故暗殺したのか、はっきりしないので、いわゆる識者と呼ばれる者まで加わってケンケンガクガクと詮索しているようで、そして統一教会の件が動機とされているが、筆者の見解は、もし依頼者がいるならその人間団体が、容疑者が一存でやったなら容疑者がこの憲法改悪を自分の政権のときには成し得なかったが、現政権をたきつけて、改悪をしようとしている安倍が憎くて暗殺したんだろうと筆者は思う。ただ憲法改悪するには国民投票しなくてはならない。本当は憲法改悪で一番困る筈の若者は投票にほとんど行かないと思うが、もし改悪となって徴兵に取られるのは若者達なのである。しかし投票に行くのは主に先の第二次世界大戦の戦争体験者や筆者のように親や学校の教師から戦争の悲惨さを聞いて育った世代の者だから、憲法改悪は不成立になるに決まっている。

あとがき

さあこの本を読んでくださった読者の皆さんどんな感想をお持ちでいらっしゃるだろうか。

こんなことくらい知っているよとか、俺、私はもっと詳しいこと知っているよという方のほうが多いのではなかろうかなと思う。えっこんなこと知らなかったとか、こんなこと初めて知ったという方のほうが少数ではないかなとも思う。

筆者が執筆していて再認識したことは、世の中で良いと思われている人や職業や団体が実は大したことなく、余り良いものでは無く、駄目だと思われているほうが、実は意外に良かったりするということだ。まあこれも常識であり月並みのことかも知れないが。

ともあれこの本に書いたことは全て事実に基づいたものであるが、読者の皆さんがこの本を一つのエンタメとして読んでいただいて、面白かったともし思っていただければ幸いである。

参考資料

・模範六法２００７（三省堂）
・日弁連ＨＰ
・リーガルマインドＨＰ

著者プロフィール

織乃田 征也（おのだ せいや）

高校卒業後、芸能人を目指し修業する。

1991年、キングレコードからレコードを出し、歌手となる。２年後に２枚目のレコードを出すが売れないため、行政書士を目指す。

2006年に行政書士試験に受かり、行政書士になる。行政書士会との裁判ざたになり、行政書士を辞める。その後、居酒屋、メイドカフェを経営するがうまくいかず、廃業。再び行政書士になるも、2022年に再び行政書士を辞める。

法に携わる愚か者達

2023年５月15日　初版第１刷発行

著　者　織乃田 征也
発行者　瓜谷 綱延
発行所　株式会社文芸社
〒160-0022 東京都新宿区新宿1－10－1
電話 03-5369-3060（代表）
03-5369-2299（販売）

印刷所　株式会社晃陽社

ISBN978-4-286-30037-5

郵便はがき

料金受取人払郵便

新宿局承認

7553

差出有効期間
2024年1月
31日まで
（切手不要）

160-8791

141

東京都新宿区新宿1－10－1
（株）文芸社
愛読者カード係 行

お名前《ふりがな》			明治 大正 昭和 平成 年生 歳	
ご住所《ふりがな》	□□□-□□□□			性別 男・女
お電話 番　号	（書籍ご注文の際に必要です）	ご職業		
E-mail				
ご購読雑誌（複数可）		ご購読新聞 新聞		

最近読んでおもしろかった本や今後、とりあげてほしいテーマをお教えください。

ご自分の研究成果や経験、お考え等を出版してみたいというお気持ちはありますか。

ある　　ない　　内容・テーマ（　　　　　　　　　　　　）

現在完成した作品をお持ちですか。

ある　　ない　　ジャンル・原稿量（　　　　　　　　　　　　）

書　名				
お買上 書　店	都道 府県	市区 郡	書店名	書店
			ご購入日	年　月　日

本書をどこでお知りになりましたか?

1.書店店頭　2.知人にすすめられて　3.インターネット(サイト名　　　　)

4.DMハガキ　5.広告、記事を見て(新聞、雑誌名　　　　)

上の質問に関連して、ご購入の決め手となったのは?

1.タイトル　2.著者　3.内容　4.カバーデザイン　5.帯

その他ご自由にお書きください。

(　　　　)

本書についてのご意見、ご感想をお聞かせください。

①内容について

②カバー、タイトル、帯について

弊社Webサイトからもご意見、ご感想をお寄せいただけます。

ご協力ありがとうございました。

※お寄せいただいたご意見、ご感想は新聞広告等で匿名にて使わせていただくことがあります。

※お客様の個人情報は、小社からの連絡のみに使用します。社外に提供することは一切ありません。